Evelyne Maaß & Karsten Ritschl

Coaching
mit NLP

Erfolgreich coachen in Beruf und Alltag
Ein Übungsbuch

Junfermann Verlag · Paderborn

© Junfermannsche Verlagsbuchhandlung, Paderborn 1997
2. Auflage 1999
Text-Illustrationen: Martina Kohl
Das Symbol auf dem Frontcover ist ein eingetragenes Warenzeichen von Spectrum KommunikationsTraining.

Satz: adrupa Paderborn
Druck: PDC – Paderborner Druck Centrum

Die Deutsche Bibliothek – CIP-Einheitsaufnahme
Maaß, Evelyne:
Coaching mit NLP: Erfolgreich coachen in Beruf und Alltag. Ein Übungsbuch / Evelyne Maaß, Karsten Ritschl. – Paderborn: Junfermann, 1997
    ISBN 3-87387-338-9

NE: Ritschl, Karsten:; GT

ISBN 3-87387-338-9

Inhalt

Dankeschön

Dieses Buch ist zu einem großen Teil auf Lanzarote entstanden. Die kreative Atmosphäre, die Cesar Manrique auf dieser Insel geschaffen hat, hat uns inspiriert, unsere Ideen fließen zu lassen. Neben Kunst und Natur haben uns unsere Freunde Christine Schauer und Fred Schmager wunderbare Anregungen und vor allen Dingen erholsame Pausen geschenkt.

Das Schreiben auf dieser malerischen Insel hat uns den nötigen Abstand gegeben, um unsere Erfahrungen zu strukturieren und in eine lesbare und hoffentlich leicht umsetzbare Form zu bringen. Wir danken allen, die uns ermöglicht haben, diese Erfahrungen zu sammeln sowie allen Trainern und Kollegen, mit denen wir Ideen austauschen und diskutieren konnten.

Wir danken Herrn Dr. Martini und Herrn Probst vom Junfermann Verlag für die Möglichkeit, unsere Ideen und Aussagen vielen Menschen zugänglich zu machen.

Unsere Zeichnerin Martina Kohl hat dieses Buch wieder durch ihre künstlerischen Illustrationen vervollkommnet.

Vielen Dank auch an Britta Metzing, die neben dem Aufbau ihres eigenen Übersetzungsbüros die Zeit und Energie gefunden hat, unsere Texte zu bearbeiten.

Wir danken allen Lesern unserer Bücher, die uns mündlich oder schriftlich Feedback gegeben haben und uns so darin unterstützen, weiter zu wachsen.

„Lernen heißt nicht, daß man mehr Informationen aufnimmt,

sondern daß man die Fähigkeit erweitert,

die Ergebnissse zu erzielen,

die man im Leben wahrhaft anstrebt.

Dieses Lernen ist ein lebenslanger schöpferischer Prozeß."

Peter Senge

I. Einleitung

Wir haben in diesem Buch unsere Erfahrungen mit Coaching gesammelt und wünschen uns, daß es dazu anregt, eigene Wege zu gehen und eigene Erfahrungen zu sammeln. Da uns Praxis und Umsetzbarkeit von Methoden ein ganz wichtiges Anliegen ist, ist dieses ein *Arbeitsbuch,* das dazu einladen soll, NLP in Coaching-Prozessen als gezielte Veränderungsmethode einzusetzen. Viele Bücher werden gern gelesen, verschwinden dann allerdings in einem Bücherregal. Unsere Vision ist es, daß unser Buch Menschen ein Stück ihres Weges begleiten wird und immer wieder Anregungen bietet, sich mit den aktuellen Themen auseinanderzusetzen, neue Lösungen zu suchen und zu finden und eigene Wege zu gehen.

Da wir einerseits sehr daran interessiert sind, verständliche Beispiele und hilfreiche Übungen zu veröffentlichen, uns jedoch andererseits auch bewußt sind, daß dies manchmal als Rezept mißverstanden werden kann, haben wir als Kernstück dieses Arbeitsbuches ein *Übungs-Design* entwickelt, das wir im Abschnitt „Maßgeschneiderte Interventionen entwerfen" vorstellen. Wir hoffen, daß damit unsere Idee des „kontext- und personenbezogenen Arbeitens" deutlich wird. Gerade dieses Eingehenkönnen auf die individuellen Lernstrategien und die aktuelle Situation des Gecoachten machen das Konzept Coaching zu einem so machtvollen und effektiven Instrument.

Da sich die hier vorgestellten Übungen auf die Besonderheiten einer Dyade beziehen, empfehlen wir für Team-Coaching unser Buch *Teamgeist – Übungen und Spiele für die Teamentwicklung* als Anregung. Wenn Sie Lust haben, eigene Phantasiereisen zu entwerfen, empfehlen wir Ihnen unser Buch *Phantasiereisen leicht gemacht – Die Macht der Phantasie.*

In diesem Buch werden wirkungsvolle Interventionen und Techniken vorgestellt, deren erfolgreiche Anwendung von der Flexibilität der Persönlichkeit und Erfahrung des Coach abhängt. Den kompetenten Umgang mit diesen Techniken und die notwendige Erfahrung empfehlen wir in einer Ausbildung zu entwickeln und so lange in einem sicheren Umfeld zu üben, bis Sie diese wirkungsvollen Techniken sicher und flexibel anwenden können. Coaching mit NLP sollten nur Personen durchführen, die in NLP qualifiziert ausgebildet wurden. Der Coach hat die Verantwortung für die erfolgreiche Begleitung eines Prozesses – er stellt den Rahmen her, in dem Veränderung stattfinden kann. Dies erfordert Wahrnehmungsfähigkeiten genauso wie Einfühlungsvermögen und die Fähigkeit zu systemischem und prozeßhaftem Denken, Authentizität, Kommunikationsfertigkeiten und die notwendige Sicherheit bei der bewußten Durchführung und Begleitung von Prozessen. Diese Fähigkeiten und Fertigkeiten lassen sich unserer Meinung nach am besten in einer qualifizierten Ausbildung lernen.

Persönliche Ansprache

Coaching ist eine sehr persönliche Begleitung, deren Grundlage Nähe und Vertrauen und eine tragfähige Beziehung ist. Im informativen Teil dieses Buches haben wir Sie als Leserinnen und Leser gesiezt oder auf eine direkte Anrede verzichtet. Im Interventionsteil, speziell in den Übungen und Phantasiereisen, bieten wir Ihnen das „Du" an, um einer vertrauten Atmosphäre die Möglichkeit der Entfaltung zu geben.

Dieses Buch richtet sich an alle Menschen – Frauen und Männer. Um der leichteren Lesbarkeit willen haben wir auf die man/frau-Unterscheidung verzichtet und auch kein „innen" oder „in" hinter jede männliche Form gesetzt. Wir bitten alle Frauen, sich dieses Buch in ihrer Phantasie durch die weibliche Anrede zu vervollständigen.

Roter Faden durch das Buch

„Ich hatte sechs ehrliche Diener, sie haben mich alles gelehrt, was ich wußte, ihre Namen waren Wo und Was und Wann und Warum und Wie und Wer". – Rudyard Kipling

Wir haben die „W"-Fragen als Ordnungshilfe für dieses Buch gewählt, weil wir glauben, daß wir dem Konzept Coaching so am leichtesten auf die facettenreiche Spur kommen können.

So wird nach dieser „**Einladung**" in Kapitel 2 die Frage „**Was ist Coaching?**" im Mittelpunkt stehen. Anregende Definitionen anderer Kollegen, die Auslotung der Grenzen von Coaching, die klare Unterscheidbarkeit zu anderen Methoden und eine Anregung, was NLP mit Coaching bedeuten kann, laden zu einer Auseinandersetzung mit diesem Konzept und möglicherweise zu einer eigenen Definition ein.

Im Kapitel 3 „**Warum Coaching?**" spüren wir der Frage nach, welchen Sinn, Zweck oder Vorteil Coaching haben kann und warum Coaching einen neuen Ansatz bietet, um Veränderungsprozesse zu initiieren und zu begleiten.

„**Warum Coaching mit NLP?**" findet in Kapitel 4 einige mögliche Antworten, indem das ressource- und zielorientierte Vorgehen des NLP in Erinnerung gerufen wird. Hier wird das humanistische Menschenbild und die systemische Sichtweise des NLP kurz umrissen und die Kernkompetenzen des NLP erinnert.

In Kapitel 5 „**Wozu kann man Coaching nutzen?**" regen wir die Phantasie an, sich mit der Umsetzbarkeit des Konzeptes Coaching zu befassen.

In Kapitel 6 „**Wer coacht wen?**" gehen wir auf die Situation des internen und externen Coach und des Gecoachten ein.

In Kapitel 7 „**Voraussetzungen für Coaching**" widmen wir uns den Rahmenbedingungen, die Coaching sinnvoll machen und die Coaching in einen komplexeren Zusammenhang stellen. Hier werden einige Ideen zur Lernenden Organisation, Lernkultur und Freiwilligkeit von Veränderungsprozessen den Leser anregen, sich optimale Rahmenbedingungen für Coaching zu kreieren.

Kapitel 8 „**Wie funktioniert Coaching?**" stellt den Coaching-Prozeß vor, und wir erläutern die einzelnen Phasen, um dem Leser das Prozeßhafte des Coaching näherzubringen und ihm die Möglichkeit zu geben, einen roten Faden für die Arbeit an persönlichen Veränderungen in einer Dyade zu erkennen, zu entwickeln und gegebenenfalls zu verändern.

Daran schließt sich das Kapitel 9 „**Interventionsmöglichkeiten**" an, das den Kern dieses Buches darstellt.

Mit einem *Übungs-Design* wollen wir Sie einladen, Ihre eigenen Interventionen zu entwerfen und mit den Themenvorschlägen auszuprobieren.

Dieser Teil des Buches ist uns besonders wichtig, weil er die Möglichkeit des Lernens 2. Ordnung schafft. Hier geht es nicht darum, einzelne Übungen zu erfassen, zu verstehen und zu wiederholen, sondern darum, den schöpferischen Prozeß zu verstehen und zu lernen. Es geht uns insbesondere um das Erschaffen von Vertrauen in die eigenen Fähigkeiten und das Kreieren von Mut, um Eigenes auszuprobieren. Wir erleben täglich, welche ungeheuren Kräfte freigesetzt werden, wenn Menschen es wagen, ihrer eigenen Flexibilität Raum zu geben und sich sensibel auf veränderte Bedingungen einzustellen.

Im weiteren Verlauf dieses Kapitels stellen wir neun immer wiederkehrende Themengebiete vor, die uns in Coachings begegnet sind. Zu jedem dieser Themen bieten wir einen Text, um Gedanken anzuregen. Wir haben Zitate, Witze und Metaphern gesammelt, die auf das Thema einstimmen und als kleine Gedanken-anstöße in einem Coaching dienen können.

Im Anschluß stellen wir Übungen und Phantasiereisen vor, die wir in unseren Coachings so eingesetzt haben. Diese Übungen sind zum Teil Erweiterungen und Neuordnungen bekannter NLP-Elemente, zum Teil Weiterentwicklungen von Ideen anderer Trainer-Kollegen oder mit dem Übungs-Design an entsprechende Kontexte und Personen angepaßte Interventionen.

In einem **Übungs-Spectrum** geben wir einige Anregungen, welche NLP-Inter-ventionen wir in diesen Bereichen auch sinnvoll eingesetzt haben. Wir haben uns hier auf Übungen und Phantasiereisen aus dem Buch *NLP-Spiele-Spectrum* von Michael Luther und Evelyne Maaß, aus unseren eigenen Büchern *Phantasiereisen leicht gemacht, Teamgeist* und aus den Büchern *Der Meisterschüler* und *Der Zauber-lehrling* von Alexa Mohl beschränkt – der Übersichtlichkeit willen.

Einige Anregungen für Hausaufgaben laden zum Weiterexperimentieren ein.

In Kapitel 10 „**Qualifikation Coach**" gehen wir auf die NLP-Grundlagen für die Arbeit mit Menschen ein und erwähnen die speziellen Anforderungen für die Arbeit als Coach. Hier wird der Coach als Initiator vorgestellt, und wir geben einen kurzen Einblick in die Schwerpunkte unserer *Coach-Ausbildung*.

Am Ende befindet sich eine kurze Selbstdarstellung, ein Glossar und Literaturhinweise, Musik- und Filmvorschläge. Ein Übungsverzeichnis erleichtert Ihnen das Wiederfinden der einzelnen Spiele und Phantasiereisen.

II. Was ist Coaching?

Einmal beendete Buddha einen Vortrag mit den Worten: „Es ist nun Zeit." Ein Dieb, der dies hörte, verstand die Bedeutung dieser Worte auf seine Weise und dachte, es sei nun Zeit zum Stehlen. Eine Dirne dachte, es sei nun Zeit, ihre Gäste zu empfangen, und ein Mönch dachte, es sei nun Zeit zum Meditieren.

Wenn heutzutage der Begriff Coaching fällt, ist damit nicht eine einheitliche Definition oder ein klar umrissenes Sachgebiet gemeint. Obwohl auch wir die Sehnsucht nach einer klaren Definition kennen, ist uns dennoch bewußt, daß wir in diesem Buch nur unsere Auffassung und unser Verständnis von Coaching offenlegen. In der Praxis gibt es die grobe Unterteilung in:

1. Coaching für Einzelpersonen mit einem externen Coach
2. Coaching für Teams mit einem externen Coach
3. Coaching für Einzelpersonen mit einem internen Coach
4. Coaching für Teams mit einem internen Coach

Im Verlaufe dieses Buches beziehen wir uns in der Regel auf Einzel-Coaching mit einem externen Coach, dessen Einsatz wir als einen Teil eines umfassenderen Konzeptes der Organisationsentwicklung für wünschenswert halten. Inwieweit interne Coaches mit den angeregten Methoden innerhalb Ihrer Organisation arbeiten können, müssen Sie der Situation angemessen selbst entscheiden. Anregungen für Coachings in Teams, sowohl intern als auch extern, können interessierte Anwender in unserem Buch *Teamgeist* finden.

Es gibt unterschiedliche Herangehensweisen, um sich dem Begriff Coaching zu nähern. Man kann beschreiben, was mit Hilfe von Coaching erreicht wird, man kann die Tätigkeit beschreiben, die man während des Coachens macht, man kann Coaching auf seine sprachlichen Wurzeln hin untersuchen oder man definiert Coaching darüber, was es nicht ist.

Um das weitreichende Spectrum unterschiedlichster Couleur zu verdeutlichen, hier einige Anregungen, was mit Coaching gemeint sein kann.

Coaching

- ist persönliche Beratung und Begleitung;
- ist Hilfe zur Selbsthilfe;
- ist eine Hilfestellung bei der Ablösung alter Denkmuster durch neue Ideen;
- ist eine Form der Beratung, in der es um die Steigerung des beruflichen Erfolges geht;
- setzt das Potential eines Menschen frei, seine eigene Leistung zu maximieren;
- ist ein klientenzentriertes und individuelles Betreuungskonzept zur Optimierung aller vorhandenen Kräfte und Potentiale von Führungskräften;
- lehrt nicht, sondern hilft Menschen zu lernen;
- ist ein gezieltes Feedback-Instrument;
- ist ein Prozeß zur Entwicklung der Persönlichkeit und der rollen-spezifischen Fähigkeiten;
- ist eine Begleitung auf Zeit;
- ist eine Form der Lebensberatung, in der es in erster Linie um die Verbesserung der Leistungsfähigkeit des Klienten geht;
- ist Initiation von individuellen Entwicklungsprozessen;
- ist ein neuer Führungsstil;
- ist eine Maßnahme der Personalentwicklung;
- ist ein Dialog über Freud und Leid im Beruf;
- ist eine innovative Form von Managementberatung.

Unsere persönliche Vorliebe bei der Definition von Coaching ist:

- **Coaching ist Anregung zur persönlichen Bestleistung in Balance mit der beruflichen und privaten Umwelt.**

Einstein sagte: *„Der Mensch erlebt sich selbst, seine Gedanken und Gefühle als etwas von allem übrigen Getrenntes, eine Art optische Täuschung unseres Bewußtseins. Diese Täuschung ist wie ein Gefängnis, das uns auf unsere persönlichen Bedürfnisse und auf unsere Liebe für ein paar nahestehende Menschen beschränkt. Unsere Aufgabe muß es sein, uns selbst aus diesem Gefängnis zu befreien, indem wir den Kreis unseres Mitgefühls erweitern und alle lebenden Kreaturen und die Natur in ihrer ganzen Schönheit mit einbeziehen.“*

Wir verstehen Coaching und Einstein so, daß es nicht nur um eine Persönlichkeits-erweiterung einzelner Menschen, sondern um die Einbeziehung der Umwelt, in diesem Fall der Organisation, in einen Lern- und Veränderungsprozeß geht. Das bedeutet für uns, daß der optimale Einsatz von Coaching nicht in Einzelaktionen, sondern in einer gezielten Einbettung in Organisationsentwicklungsmaßnahmen anzuwenden ist.

➤ **Coaching kann ein Teil eines umfassenden Konzeptes zur Etablierung einer Lernkultur in Unternehmen sein.**

Wenn lernende Organisationen die Antwort auf die rasanten Veränderungen in der Umwelt darstellen, dann sind Coaching-Maßnahmen die geeignete Methode, auf der kleinsten, aber fundamentalsten Ebene genau die Lernkultur und Lernbereitschaft zu initiieren, die als Grundlage dafür notwendig ist, um diese Vision Wirklichkeit werden zu lassen.

➤ **Coaching stellt eine Möglichkeit dar, die Untrennbarkeit von Körper, Seele und Geist wieder ins Berufsleben zu integrieren.**

Die lange Zeit geleugnete Verbindung von Denken, Fühlen und Handeln kann wieder als untrennbar miteinander verwoben betrachtet werden.

Coaching – alter Wein in neuen Flaschen?

Manche bejahen diese Aussage, denn sie haben in ihren Beratungssituationen mit Managern oftmals genau diese Nähe und diese Art von Beratung praktiziert. Das bedeutet, daß Gespräche über persönliche Veränderungsprozesse, über Erweiterung von Fähigkeiten und Fertigkeiten, über neue Deutungs- und Handlungsmuster auch in Beratungsgesprächen vor dieser Wortschöpfung stattgefunden haben. Das Neue daran ist, daß es, einmal mit einem Namen versehen, zum Mittelpunkt einer Beratung werden kann, daß sichergestellt ist, daß der Mensch im Mittelpunkt stehen kann, daß es um persönliche Veränderungsprozesse gehen darf, daß es nicht um eine betriebswirtschaftliche Beratung oder die Erweiterung von Kompetenzen geht, sondern um persönliche Weiterentwicklung, um Themen wie Selbstverwirklichung, Wachstum, Flexibilität, Ausbau von Effizienz, Zielerreichung. Und wenn die Trennlinie zur Psychotherapie klar gezogen wird, so kann man feststellen, daß auch tiefgehende Veränderungsprozesse mit Coaching möglich sind, die sich auf das Lösen aktueller Probleme beziehen.

Neu am Coaching-Konzept ist das Zusammenspiel von sachlicher und sozialer Kompetenz, Methoden- und Erfahrungskompetenz. Hier trifft Beratungskompetenz und die Fähigkeit, eine Atmosphäre zu schaffen, in der Menschen sich öffnen können, um an persönlichen Problemen oder Zielen zu arbeiten, zusammen mit Feldkompetenz, mit Fachwissen, mit Wissen über die betrieblichen Belange, die Einbindung in die Organisation und mit Wissen um die alltäglichen Sorgen von Führungskräften.

Coaching ist eine Beratung mit einem vorher festgelegten Ziel, mit einem vorher festgelegten Resultat. Eine Beratung mit sicherem Ausgang. Die meisten Coaching-konzepte zielen darauf ab, jemanden darin zu coachen, daß er etwas Neues weiß, daß er etwas anders versteht und daß er anders handelt. Viele Coaches arbeiten über die Vermittlung von Wissen und die kognitive Ebene, so daß der Gecoachte neues Wissen erwirbt und neu versteht. Andere wiederum arbeiten an der Verän-derung von Verhalten und der Einübung von neuen Fähigkeiten.

Coaching mit NLP zielt auf den Erwerb von neuem Wissen, von neuen Fertigkeiten und Verhaltensmöglichkeiten und darüber hinaus zusätzlich auf den Abbau men-taler innerer Grenzen und Barrieren. Es berücksichtigt, daß die meisten Leistungs-grenzen sich nicht außen, sondern im Menschen befinden, innerhalb des Kopfes. Es zielt eher darauf ab, Menschen das Lernen zu lehren und nicht nur bloße Fakten.

Das Wesentliche ist die Entdeckung eigener Fähigkeiten und Bewertungskriterien, um sich selbst optimal zu coachen oder sich selbst optimal auch ohne Coach zu managen. Es geht um die Vermittlung von wichtigen Methoden und Fähigkeiten, um das Leben für sich selbst so zu gestalten, daß der Mensch mit dem Resultat zufrieden und glücklich ist.

Coaching gibt die Chance, in intensivem Dialog die eigene Landkarte in Frage zu stellen, die eigenen Programme zu überprüfen und gegebenenfalls neue Überzeugungen zu entwickeln, neue Einstellungen zu kreieren, die der Situation angemessen sind. Speziell beim *Live-Coaching* besteht die Möglichkeit, die eigene Situation neu zu überdenken. Unter *Live-Coaching* versteht man ein intensives Coachingkonzept, das erfolgreich zur gezielten Optimierung von persönlichen Veränderungen eingesetzt wird. Hierbei begleitet der Coach seinen Gecoachten durch einen Arbeitstag, um ihm ein effektives, gezieltes Feedback zu geben. Mit Hausaufgaben und Einzelsitzungen wird der Gecoachte in der Folgezeit unterstützt, um die gewünschten Resultate zu erreichen.

Coaching ist eine Begleitung auf Zeit. Sie zielt immer auf die Selbständigkeit des Gecoachten ab. Viele unterscheiden Coaching und Persönlichkeitsentwicklung, wobei Coaching hier dann als Nachbesserung, als Korrektur und die Nachbereitung von individuellen Lernchancen verstanden wird und Persönlichkeitsentwicklung als eine präventive Maßnahme, um vorausschauend bereits Fähigkeiten und Fertigkeiten zu entwickeln, die in der Zukunft gebraucht werden. Oftmals wird die Persönlichkeitsentwicklung in Kleingruppen durchgeführt und Coaching und Persönlichkeitsentwicklungsprogramme ergänzen einander, so daß die in den Kleingruppen festgestellten Defizite im Coaching aufgearbeitet werden.

Im Vertriebstraining hat sich in einigen großen Firmen ein interessantes Zusammenspiel von Weiterbildung und *Live-Coaching* durchgesetzt. Nach einer Weiterbildungsbedarfsermittlung werden die Mitarbeiter in einem Seminar geschult. Im Anschluß daran erhält jeder Mitarbeiter zwei *Live-Coaching*-Tage, an denen er persönliches Feedback erhält und speziell auf ihn zugeschnittene Aufgaben, um sein Potential zu entfalten. Aus den hierbei ermittelten Themen wird dann ein weiterer Seminar-Baustein erarbeitet.

Dieses Konzept bietet die Chance, auf die jeweilige Firmensituation und das Mitarbeiterpotential zu reagieren und je nach Bedarf die Anteile zu gewichten, um die gewünschten Resultate im Alltag zu erzielen. Die Einsatzmöglichkeiten und Kombinierbarkeit von Coaching bieten noch viele neue Perspektiven.

Die Grenzen von Coaching

Coaching ist kein Allheilmittel und sollte auch ganz klar bei bestimmten Symptomen und bei bestimmten Gegebenheiten nicht angewandt werden. So ersetzt es keine Psychotherapie. Es ist auch ungünstig, es bei Suchtproblemen und Alkoholismus einzusetzen, bei eindeutig psychotischen Beschwerden oder unheilbaren Krankheiten oder Zuständen, die einen Klinikaufenthalt notwendig machen. Auch wenn grundsätzliche Ressourcen und Zeit fehlen oder wenn Märkte wegbrechen, ist dies durch Coaching nicht korrigierbar.

Oftmals wird behauptet, Coaching bringe die Psychotherapie durch die Hintertür ins Management. Diese Behauptung stimmt insofern nicht, weil Coaching sich auf die Weiterentwicklung und Optimierung von Persönlichkeit richtet. Coaching ist eine Form der Lebensberatung, die sich auf die aktuelle Situation bezieht.

Unterschied: Psychotherapie und Coaching

Die Psychotherapie ist ein Muß, ist eine Notwendigkeit zur Veränderung. Es bedeutet, daß eine Störung vorliegt, die die Lebensqualität beeinträchtigt, eine Störung von Krankheitswert. Das Ziel ist, ein gestörtes System wieder funktionsfähig zu machen, wieder ins Gleichgewicht oder in Balance zu bringen. Beim Coaching geht es um ein „Ich will", um die Optimierung von Lebensqualität, es gibt kein Muß, sondern eine Freiwilligkeit, die eine Steigerung vorhandener Potentiale oder deren Ausbau zum Ziel hat.

Unterschied: Trainer – Coach

Der Trainer zielt darauf ab, die Fertigkeiten und Fähigkeiten und das Leistungsvermögen des Trainierenden zu steigern. Er analysiert die Aufgabe oder hat eine klare Auftragserteilung und setzt es praktisch um und sorgt dafür, daß erfolgversprechende Programme gelernt und geübt werden. Dabei geht es darum, Stärken auszubauen und Schwächen zu vermeiden, Fehlverhalten möglichst auszumerzen. Es wird trainiert und geübt, bis sich das Neue automatisiert. Der Trainer sorgt für vertrauensbildende Maßnahmen und die Überzeugung, das Neue anzuvisieren.

Ein Coach zielt darauf ab, die Leistungsbereitschaft zu optimieren und die Eigenverantwortung zu fördern. Es wird gemeinsam das Problem besprochen, eine Entwicklung angestrebt, eine Strategie festgelegt, eine Intervention überlegt, eine Methode gewählt. Es geht darum, für Erfolg zu begeistern und eigene Programme zu entwerfen, die Potentiale zu entwickeln und sich seiner Schwächen bewußt zu werden.

Unterschied: Coaching und Supervision

Supervision im herkömmlichen Sinne ist nicht zielorientiert, sondern arbeitet schwerpunktmäßig aktuelle Probleme auf und entwickelt aktuell notwendige Kompetenzen. Gerade hier wird jedoch besonders deutlich, daß die Grenzen zwischen Supervision und Coaching fließend sein können. Coaching legt seinen Schwerpunkt nicht *nur* auf die Problemlösung, sondern *auch* auf zielorientierte Persönlichkeitsentwicklung.

Unterschied: Fortbildung und Coaching

Coaching ist auch keine Fortbildung, da es in der Fortbildung um die zielorientierte Wissens- und Fähigkeitsvermittlung geht. Coaching geht über diese Wissens- und Fähigkeitsvermittlung hinaus und beinhaltet Lern- und Entwicklungsprozesse, die die gesamte Persönlichkeit miteinbeziehen. Coaching zielt auf die Stärkung aller vorhandenen Potentiale zum Aufbau einer starken Persönlichkeit.

Unterschied: Mentoring und Coaching

Im Mentoring gibt ein Senior-Partner oder ein Senior-Manager sein Wissen an einen jüngeren Kollegen weiter, und dies dient der Ausbildung langfristiger Fähigkeiten und Fertigkeiten und der Weitergabe von Wissen in einem Bereich. In der Regel wird ein Mentor nach seiner Fachkompetenz und nicht nach seiner Beratungskompetenz gewählt, was dazu führt, daß die Entwicklung sich schwerpunktmäßig auf die Weitergabe von Wissen bezieht.

In Abgrenzung zu Mentoring bedeutet Coaching weit mehr, da es sich über das Potential des Beraters hinausbewegt. Das Coaching arbeitet mit den Fähigkeiten und den Wahrnehmungen desjenigen, der gecoacht wird und ist somit besser auf dessen Landkarte, auf dessen Vorstellung von der Welt zugeschnitten und wird sich an den bereits vorhandenen Fähigkeiten und Fertigkeiten orientieren, um diese auszubauen und zu optimieren. Coaching geht über die Optimierung von Verhalten und Fähigkeiten und Fertigkeiten hinaus, indem es sich den zugrundeliegenden Werten, mentalen Programmen, Glaubenssystemen, der Identität eines Menschen widmet und die Suche nach Sinn und Zugehörigkeit miteinbezieht.

Unterschied: Freundschaft – Coaching

Die Einsamkeit von Spitzenkräften in den Führungsetagen ist oft genug Thema schlechter Witze, lustiger Anekdoten und gesundheitlicher Hilfsprogramme bei Herzinfarkt und Dauerstreß geworden.

Da bekanntlich der Austausch von persönlichen Inhalten auf gleicher Ebene in Führungsetagen eher selten stattfindet, könnte das intensive Offenlegen auch persönlicher Belange in der Coaching-Situation dazu verleiten, anzunehmen, man befinde sich in einer privaten oder freundschaftlichen Situation und nicht in einem beruflichen Förderungskontext, der auf die Optimierung unternehmerischer Gestaltungsprozesse ausgerichtet ist. Freundschaft ist ziel- und absichtslos – Coaching ist zielorientiert.

Natürlich könnte man alle hier benannten Maßnahmen auch unter dem Fokus betrachten, was sie gemeinsam haben und wo die Übergänge fließend sind. Wünschenswert für einen Coach ist zu wissen, welches Spectrum er anbieten kann, wo seine Grenzen liegen und wann er eine andere Maßnahme vorschlägt und anregt.

Die Kunst des Coaching

Der Hauptfokus beim Coaching liegt nicht bei kurativen, sondern bei generativen Veränderungen. Das bedeutet, daß es nicht vorrangig darum geht, ein Problem zu lösen, sondern vielmehr darum, ein Problemlösungsverhalten zu entwickeln. Es geht nicht nur um Lernen, sondern um Lernen lernen. Für uns bedeutet Coaching die Begleitung von individuellen Lern- und Entwicklungsprozessen. Ein Coach sollte in der Lage sein, bei sich und anderen diese Lernprozesse zu initiieren.

Die Kunst beim Coaching liegt darin, daß wir Bedingungen schaffen, damit der andere uns sehen, hören, erleben und verstehen kann, damit er sich selbst in diesem Dialog verstehen, berühren, wahrnehmen und akzeptieren lernen kann. Dies bedeutet, einen Raum zu schaffen, in dem Veränderung möglich wird. Der Coach stellt dabei die Rahmenbedingungen her als Grundlage für Wachstum, für Neustrukturierung, für neue, schöpferische Wege.

In einem Bereich, in dem vorher Entfaltung nur auf Fachwissen und Fachkompetenz abzielte, besteht nun die Erlaubnis, daß persönliche Entfaltung möglich wird. Damit ist mehr Humanität in den Arbeitsbereich zurückgekehrt, und damit wird die Möglichkeit geschaffen, die Selbstverwirklichung und Entfaltung in den Arbeitsbereich mit zu integrieren. Das kann heißen: Beruf im Sinne von Berufung zu verstehen.

Was bedeutet Coaching mit NLP?

> Die konsequente Entwicklung eigener Strategien, um den Wandel zu managen.
> Die gezielte Entdeckung und Anwendung geeigneter Werkzeuge, um die Kommunikation mit sich selber und anderen Menschen zu verbessern.
> Das Schaffen der mentalen Grundlagen, um das Neugefundene in die eigene Persönlichkeit zu integrieren.

III. Warum Coaching?

Zu einem Arzt kam eines Tages ein Schuster, der unter starken Schmerzen litt und offensichtlich schon dem Tode nahe war. Der Arzt gab sich alle Mühe, hatte aber keine Möglichkeit, ihm zu helfen. Als der Patient fragte: „Mein Gott, gibt es denn überhaupt nichts, was mich retten kann?", konnte der Arzt ihm nur antworten: „Nein, ich kenne leider keine anderen Mittel und Methoden mehr." Daraufhin antwortete der Schuster: „Gut, wenn es überhaupt keine Hilfe mehr gibt, habe ich zum Schluß noch einen Wunsch: Ich hätte gern zwei Kilo dicke Bohnen mit einem Liter Essig." Der Arzt, der wußte, daß er ihm sowieso nicht helfen konnte, sagte: „Mein Gott, ich kann ihm doch den letzten Wunsch erfüllen", ließ die Bohnen kochen und servierte sie mit einem Liter Essig. In der Nacht wartete der Arzt auf die Todesnachricht, aber am nächsten Morgen war der Schuster zum Erstaunen aller quicklebendig und gesund. So schrieb der Arzt in sein Tagebuch: „Heute war ein Schuster mit unklaren Beschwerden hier, für den ich kein Mittel wußte, aber zwei Kilo dicke Bohnen und ein Liter Essig haben ihm geholfen."

Nach einer gewissen Zeit wurde der Arzt zu einem schwerkranken Schneider gerufen. Auch in diesem Fall sah die Prognose schlecht aus, und der Arzt konnte mit keiner seiner Methoden helfen, und nach kurzer Zeit gestand er auch dem Schneider, daß er keine Möglichkeit mehr wüßte, wie er ihn heilen könnte. Der Schneider fragte todunglücklich: „Wissen Sie denn überhaupt kein Mittel, haben Sie keine Idee, was eventuell noch möglich wäre?" Daraufhin überlegte der Arzt und sagte: „Nein, aber vor nicht allzu langer Zeit kam ein Schuster mit ähnlichen Beschwerden zu mir, und nachdem er zwei Kilo dicke Bohnen mit einem Liter Essig gegessen hatte, ist er über Nacht wieder ganz gesund geworden." „Wenn es überhaupt nichts anderes mehr gibt, was Sie mir empfehlen können, werde ich dies versuchen", sagte der Schneider, aß seine zwei Kilo dicke Bohnen mit dem Liter Essig und war am nächsten Tage tot. Daraufhin schrieb der Arzt in sein Tagebuch: „Gestern kam ein Schneider zu mir, ihm war nicht zu helfen. Auch er aß zwei Kilo dicke Bohnen mit einem Liter Essig, und er starb. Was für Schuster gut ist, ist für Schneider nicht gut."

Der Vorteil, den Coaching bieten kann, liegt in dem Eingehen auf individuelle Lernstile, unterschiedliche Persönlichkeiten und verschiedene Wertsysteme. Was in einer Weiterbildungsmaßnahme oft zu kurz kommt oder in der Vielfalt einer Gruppe unberücksichtigt bleibt, kann hier im Mittelpunkt stehen und zu einem gezielten Wachstumsprozeß führen. In der persönlichen, geschützten Atmosphäre

kann genug Vertrauen in die vorhandenen Potentiale gedeihen, um *eigene* Lösungsmöglichkeiten zu kreieren.

Der Arbeitsalltag vieler Führungskräfte hat sich in den letzten Jahren geändert.
Hohe Anforderungen und das rasante Tempo von Veränderungen bedingen stetige
Neuorientierung und die Fähigkeit des schnellen Lernens. Viele fühlen sich durch
diesen Prozeß überfordert und gestreßt. Coaching unterstützt bei Lern- und Entwicklungsprozessen und kann durch das Anregen neuer Sichtweisen den Blick-
winkel erweitern und durch direkte Feedback-Möglichkeiten Lernprozesse
initiieren und persönliche Potentiale stärken.

Es steht außer Frage, daß wir vor der Notwendigkeit stehen, den Wandel zu
managen. Immer wieder neu veränderte Rahmenbedingungen tragen dazu bei, daß
sich Unternehmen in Zukunft weniger durch die Qualität ihrer Produkte oder die
Quantität ihrer Dienstleistungen als durch die Qualität ihrer Mitarbeiter und deren
Verhältnis zu den Kunden unterscheiden werden. Die größten, noch unentdeckten
Ressourcen liegen in den Mitarbeitern, die durch Coaching optimal genutzt und
eingesetzt werden könnten.

Die Veränderung der kommenden Jahre wird ganz eindeutig höhere Ansprüche an Mitarbeiter und Führungskräfte stellen, so daß die Personalpolitik und die Mitarbeiterführung sich darauf einstellen muß, mit rasant schnellem Wechsel und Wandel des sozioökonomischen Umfeldes umzugehen und der Ablösung und Auflösung von Abgrenzungen in den unterschiedlichen Märkten und der größeren Austauschbarkeit zu begegnen. Sie hat eine immer größere Vielfalt und geringere Unterscheidbarkeit von Produkten und Dienstleistungen aufzufangen. Was immer uns an neuen Technologien in der nächsten Zeit erwartet, ist noch völlig der Phantasie überlassen, und die verstärkte Internationalität der Märkte wird nach ganz neuen Strategien verlangen, nach neuen Führungskonzepten und Möglichkeiten, den eigenen Marktanteil zu erhalten oder auszubauen. Gleichzeitig zu diesen äußeren Bedingungen entstehen veränderte Bedingungen innerhalb der Organisationen durch die höhere Qualifikation von Mitarbeitern, durch mehr Interesse, den eigenen Lebensalltag und Arbeitsalltag mitzugestalten, durch mehr Fähigkeiten und mehr Engagement auch innerhalb der Unternehmenskultur die eigenen Ziele zu verwirklichen. Es besteht der Wunsch nach mehr Kommunikation, Austausch und Teilhabe an wichtigen Prozessen und Entscheidungen in der Organisation.

Lernen wird in Zukunft nicht nur in organisierten Seminaren stattfinden, sondern vielmehr in den Arbeitsalltag integriert werden müssen. So kann im Sinne von Überlebensstrategien einer Organisation sichergestellt werden, daß eine Lernkultur entsteht, die es ermöglicht, aus Fehlern sofort neue Lösungen zu entwickeln und außerdem innerhalb der Organisation nicht an starren Richtlinien festzuhalten, sondern flexibel auf neue Anforderungen zu reagieren.

In einer Zeit, in der Lernen nicht mehr nur bedeutet, Fähigkeiten und Fertigkeiten zu entwickeln, um neue Verhaltensweisen möglich zu machen, sondern auf veränderte Umweltbedingungen und neue Informationen mit einer *Einstellungsänderung* reagieren zu können, bedeutet Coaching als eine gezielte, intensive Maßnahme die Chance, genau diese Veränderungsprozesse auf der mentalen Ebene einzuleiten.

Für lange Zeit wurde der Mensch als unberechenbare Größe außer acht gelassen und bei logischen Argumentationen bezüglich Unternehmensführung verleugnet: mit folgenschweren Konsequenzen. Wenn bei Veränderungen in Systemen die menschliche Qualität und die psychische Dimension außer acht gelassen wird, dann hat das verheerende Folgen, wie z.B. innere Kündigung oder den Boykott von Neuerungen. Immer wieder werden so folgenschwere Irrtümer innerhalb von Organisationen gemacht, weil die psychische Dimension in solchen Entscheidungen nicht berücksichtigt wird. Dies hat immense Kosten zur Folge, weil es nicht nur dazu führt, daß Mitarbeiter bezahlt werden, die nur noch anwesend sind und sich nicht mehr effektiv und mit Begeisterung ihrer Arbeit widmen. Wenn auf den höheren Etagen in einer Organisation schon innere Kündigung stattgefunden hat, dann beeinflußt diese Art von Arbeitshaltung andere Mitarbeiter und wirkt blockierend für das ganze Unternehmen.

Wenn in so einer Situation wieder der Mensch im Mittelpunkt stehen kann und psychische Auswirkungen von Veränderungen mitberücksichtigt werden und die Verantwortlichen einen Perspektivenwechsel vornehmen, um vorab die Situation und Lage und die Auswirkungen zu klären, dann gibt es eine gute Chance, die Mitarbeiter auf einen solchen Prozeß einzustimmen. Es besteht sogar die Möglichkeit, sie dafür zu begeistern oder es sogar so zu initiieren, daß sie einen großen Teil selber davon in die Wege leiten oder einen großen Teil dazu beitragen. Unternehmen, die versuchen, ihre Chancen am Markt auszubauen und in Richtung lernende Firma oder Lernende Organisation planen und arbeiten, haben dies schon längst erkannt und – im Wechsel mit Weiterbildungsmaßnahmen – Coaching als die sinnvollste und effektivste Möglichkeit eingesetzt, um Umstrukturierungsprozesse und neue Aufgabenfelder und deren Übernahme zu begleiten. Derart vorbereitet, wachsen Mitarbeiter gestärkt und ressourcengestützt in ihre neuen Tätigkeiten hinein und haben eine Chance, sich ohne Angst in genau diesen Bereich einzuarbeiten.

Angst ist immer eine Möglichkeit, Kreativität zu blockieren und in alte Muster und alte Verhaltensweisen zurückzuverfallen.

Die meisten Menschen regredieren in Angstsituationen. Sie schalten dann auf alte biologische Programme um. Diese bieten für diesen Fall nur Flucht oder Kampf als angemessene Reaktion. Wir können natürlich unser biologisches Erbe leugnen, nur, da ist die Natur immer stärker. Wenn starke Gefühle auftreten, beeinflussen sie nicht nur Entscheidungen und die daraus entstehenden Erklärungsmodelle, sondern auch die daraus resultierenden Handlungen.

Wenn in einem Unternehmen Wandlungsprozesse aktiviert werden, die Angst und Unsicherheit auslösen, dann werden häufig alte Muster aktiviert, die für eine solche Situation zum Überleben notwendig sind und gelernt wurden. Da Unsicherheit in einer Zeit der ständigen Veränderung nicht zu vermeiden ist und jeder eine solche Situation als eine Bedrohung interpretieren kann, ist es sinnvoll, mit Coaching-Maßnahmen die Mitarbeiter zu befähigen, neue Programme und Antworten auf den Wandel zu entwerfen.

In einer entspannten, relaxten und vertrauensvollen Atmosphäre ist es möglich, dafür zu sorgen, daß der Mitarbeiter sein Bestes geben und sich darauf verlassen kann, daß er informiert wird über alle die Belange, die ihn betreffen und die für ihn wichtig sind.

Wenn Betriebswirtschafts- und Managementtechniken nicht nur den Teil des Menschen mit berücksichtigen, der meßbar, steuerbar und kalkulierbar ist, dann eröffnet sich wieder Spielraum für den Gedanken und das Menschenbild, daß Mitarbeiter nicht nur als Kostenfaktor oder als Arbeitskraft gesehen werden, sondern als Potentialträger, als genau die kreative Kraft, die die einzigartigen Ideen schaffen kann, die für die Zukunft eines Unternehmens von allergrößter Wichtigkeit sind. Wenn sich dieses Menschenbild durchsetzen wird, dann werden wir neue Möglichkeiten wie Coaching mit Lust begrüßen, um genau diese Geist-Potentiale zu fördern. Daß dies nach einer so langen Zeit der Abstinenz auch der Unterstützung bedarf, leuchtet sicher ein. Wenn wir über lange Zeit versucht haben, Gefühl und Intuition aus den Unternehmen zu verbannen, dann bedarf es mehr als nur des Entschlusses, dieses wieder in das Unternehmen zu integrieren. Nach einer langen Zeit der logisch analytischen Einstellung hat die Abstinenz von Gefühl und Intuition auch zur Verkümmerung von solchen Werten geführt. Es gilt, diese also nicht nur anzuerkennen und zuzulassen, sondern auch wieder zu üben, zu schätzen und als wünschenswerte Eigenschaften zu etablieren. Das bedeutet nicht, das Pendel zur anderen Seite ausschlagen zu lassen und ausschließlich den intuitiven Fähigkeiten zu vertrauen, sondern *sowohl* die analytischen, rationalen *als auch* die intuitiven und gefühlsmäßigen Potentiale zu nutzen.

Wir können es uns nicht erlauben, menschliche Einflußgrößen zu verleugnen und so zu tun, als könnten wir uns an den harten Fakten orientieren und diese Einflußgrößen außer acht lassen. Es hilft jedoch genauso wenig, sich in Gefühlen zu verlieren und die Tatsachen zu vernachlässigen. Das führt in der Regel dazu, daß das Resultat nicht den Wünschen und den vereinbarten Zielen entspricht.

In einem Coaching-Prozeß wird die menschliche *und* die fachliche Dimension in die Beratung einbezogen. Hier bezieht sich dann eine Beratung nicht nur auf Lösungen, Denkmodelle, praktikable Methoden und auf die Analyse der Gegebenheiten und Fakten, sondern auch auf das menschliche Potential, das wieder Gegenstand der Überlegungen und eine Einflußgröße werden kann.

Wenn ein Manager Schwierigkeiten in seinem Führungsstil hat, so hat das eine bedrohliche Auswirkung, sowohl für seine eigene berufliche Karriere als auch für das Unternehmen, in dem er arbeitet. Ausschließlich analytische Methoden und ein Zugewinn an Wissen und Verständnis, wie und warum sein Führungsverhalten unangemessen ist, bringen in den seltensten Fällen die Lösung. Wenn in einem Coaching-Prozeß die Persönlichkeit des Managers im Mittelpunkt stehen darf, dann gibt es hier erstmals die Chance, sich mit eigenen Schwächen und nicht vorhandenen Fähigkeiten auseinanderzusetzen, um in diesem Prozeß weiterzuwachsen und möglicherweise auch eine neue Art von Identität oder Führungspersönlichkeit zu entwickeln. In einem Coaching-Prozeß ist es möglich, eingefahrene Denkgewohnheiten aufzugeben und alte eingefahrene Gleise zu verlassen, um neue Wege zu gehen und neue Perspektiven zu entwickeln.

Externes Coaching hat den Vorteil, daß es eine Lernchance für Einzelne bietet, die sonst in einer Weiterbildungsmaßnahme nicht realisiert werden könnte. Von außerhalb des Systems können neue Informationen und Impulse durch den Coach belebend wirken und neue Denkanstöße vermitteln.

Gelebte Veränderungen im Denken und Handeln haben einen großen Einfluß auf die Umgebung. Bei systemischer Sichtweise führt eine solche Neuerung im Unternehmen zu einer Neuausrichtung und Neustrukturierung aller am System Beteiligten. So können Führungskräfte nicht nur Neues bewußt initiieren, sondern auch als Modell für lebenslanges Lernen ihre Mitarbeiter begeistern.

Grundsätzlich könnten Mitarbeiter sich gegenseitig unterstützen, ihre Aufgabe zu lösen oder ihre eigenen Lernchancen wahrzunehmen. Sie können sich als Spiegel dienen, sie können sich aber auch gegenseitig behindern. Wenn wir konsequent danach suchen, daß jeder seinen Beitrag findet und sein Potential verwirklichen kann, wird ein Miteinander im Unternehmen auf eine ganz neue Art gestaltet werden.

Da Coaching auf das Entdecken und Ausschöpfen der kreativen Potentiale eines Menschen ausgerichtet ist, bietet es die Chance, eigene Beitragsmöglichkeiten zu erkennen, seinen Platz zu finden und dann auf das Gesamtsystem abzustimmen.

Man kann Beruf dann als Berufung verstehen, als die Möglichkeit zur Selbstverwirklichung, zur gelungenen Selbstentfaltung. Dann brauchen wir auch nicht die Zeit in tote Arbeitszeit und lebendige Freizeit zu unterteilen, in der wir unseren Lebenssinn verwirklichen oder nach Selbstentfaltung und Selbstverwirklichung streben, sondern wir können die Zeit im Beruf und im Alltag dafür nutzen, um unser Leben ganzheitlich unserer Lebensaufgabe zu widmen.

Wir glauben, daß die Führungskraft der Zukunft alle Ziele kongruent lebt und verbindet, d.h. sowohl die Ziele des beruflichen Bereiches, die Ziele der Organisation und die Ziele des privaten Bereiches in Balance bringt.

Coaching ist ein geeignetes Mittel, um Klarheit über die eigenen Werte in den unterschiedlichen Bereichen zu gewinnen, sie aufeinander abzustimmen, Konflikte zu lösen und damit als ganze Person insgesamt stimmig und zufriedener zu leben.

IV. Warum Coaching mit NLP?

➤ **NLP ist ein ganzheitliches Modell, das Körper, Geist und Seele gleichermaßen berücksichtigt.**

Coaching mit NLP bedeutet eine umfassende Veränderungsmöglichkeit auf allen Ebenen und eine Einbeziehung aller Veränderungsgrößen im Coaching-Prozeß.

Robert Dilts hat ein ganzheitliches Persönlichkeitsmodell für das NLP entworfen, um Veränderungen nicht nur auf der Verhaltensebene, sondern umfassend zu bewirken. Er beschreibt den Menschen als immer kontextgebunden, d.h. in Wechselwirkung mit seiner *Umwelt.* Ausgestattet mit einem Repertoire an *Verhalten* und einem Spectrum an *Fähigkeiten*, wird er durch seine *Glaubenssätze und Werte* motiviert und bewegt. Die Vorstellung über die eigene *Identität* und einen übergeordneten *Lebenssinn* bildet die Grundlage der Persönlichkeit. Wenn alle diese Ebenen miteinander harmonieren, entsteht eine in sich stimmige Persönlichkeit.

NLP bietet Interventionen, sowohl auf der Verhaltens- als auch auf der Fähigkeits-, der Glaubens- und Werte-, der Identitäts- und der Sinnebene. Diese Werkzeuge sind klar strukturiert, einfach und effektiv anzuwenden.

> ➤ **NLP ist zielorientiert und bezieht sich nicht so sehr auf die Vergangenheit, sondern auf die Gegenwart oder Zukunft.**

Es ist ein praktisch orientiertes Modell, das den Nutzen als oberstes Prinzip ansieht.

Beim NLP geht es darum, Ressourcen zu aktivieren, Potentiale zu entwickeln, Glaubenssätze zu überprüfen oder Fähigkeiten zu entdecken, die das Erreichen des gesetzten Ziels unterstützen.

NLP bietet die Überprüfung, inwieweit die Ziele nach Erfolg und das Streben nach Erfolgsmaximierung und immer besserer Leistung in das Gesamtleben des Gecoachten passen. Speziell der Ökologie-Check des NLP erlaubt es, zu überprüfen, ob die gesetzten Ziele ökologisch mit dem Leben und dem Wertesystem des Gecoachten übereinstimmen. Coaching mit NLP bedeutet, darauf zu achten, daß man nicht mit Volldampf in die Sackgasse fährt, sondern schon vorab die Konsequenzen eines Zieles überprüft. Dies heißt nicht, ununterbrochen neuen Zielen nachzujagen, sondern sich jeden Tag an einer kontinuierlichen Weiterentwicklung und seinem Lebenssinn zu erfreuen.

Da NLP sehr genau und umfassend arbeitet, wirkt es schnell und ist daher zeit- und kostengünstig.

> ➤ **NLP ist weniger problem- als ressourcenorientiert.**

Das bedeutet nicht zu lehren, sondern das Lernen zu lernen und die eigenen Potentiale zu entdecken.

Ein interessanter Aspekt: Wenn Coaching innerhalb von Organisationen an Bedeutung gewinnt, dann werden viele Lernvorgänge, die vorher in Weiterbildungsabteilungen isoliert ein Eigendasein geführt haben, wieder in Projekte zurückverlagert, die sich entweder unmittelbar von den Tätigkeiten am Arbeitsplatz ableiten lassen oder an ganz wichtigen Brenn-, Knoten- und Problempunkten ansetzen. Dies ist natürlich eine interessante Möglichkeit, direkt am Problem oder am Lernfeld anzusetzen und sich damit den wichtigen Transfer in den Alltag zu erleichtern.

Die im NLP übliche Vorgehensweise, herauszufinden, was genau den Unterschied macht, der einen positiven Unterschied macht, führt dazu, nicht Schwächen abzubauen und in Krisen zu intervenieren, sondern kontinuierlich und konsequent Ressourcen auszubauen, Stärken aufzubauen und ressourcen- und zielorientiert vorzugehen.

Die ganz sichere Annahme, daß die Lösung immer in dem eigenen System liegt, daß die Lösung jeweils im bereits Gecoachten vorhanden ist, ermöglicht es, den

Gecoachten nicht zu beraten oder zu belehren, sondern mit ihm gemeinsam nach der Lösung zu suchen, die ihm angemessen ist. Die Vorannahmen des NLP weisen den Weg innerhalb des Coaching-Prozesses.

➤ **Das humanistische Menschenbild bildet den Hintergrund, um persönlichkeitsorientiert zu arbeiten.**

1962 hat sich in der Psychologie neben der Psychoanalyse und dem Behaviorismus eine dritte Kraft etabliert, die als humanistische Psychologie in den Vereinigten Staaten reiche Verbreitung fand. Die humanistische Psychologie hat die Idee, daß jeder Mensch das Bestreben zur Selbstverwirklichung hat, ein Wachstumsprozeß, in dem vorhandene Fähigkeiten entfaltet werden können, in dem Werte zur Verwirklichung gebracht werden und der Mensch sein Ziel darin sieht, seinem Leben einen persönlichen Sinn zu geben. Sie tritt für die Ganzheit und Einmaligkeit des Individuums ein. Ziel des Lebens der Menschen ist die bewußte Teilnahme an der schöpferischen Gestaltung des Lebens. Die Vertreter der humanistischen Psychologie stellen das Potential des Menschen zu seiner Entfaltung und Selbstverwirklichung in den Mittelpunkt. Diese ganzheitliche Sichtweise des Menschen findet sich auch beim NLP wieder. Das ist nicht erstaunlich, wenn man bedenkt, daß die Modelle für NLP, nämlich Milton H. Erickson aus der Hypnotherapie, Virginia Satir aus der Familientherapie und Fritz Perls aus der Gestalttherapie, selbst Anhänger der humanistischen Psychologie waren.

Folgende *Grundannahmen* sind Glaubenssätze über die Natur des Menschen. Sie beschreiben nicht „die Wahrheit", sondern haben den Anspruch, nützlich zu sein und uns beim Coaching zu unterstützen. Die Integration dieser Grundannahmen in die eigene Persönlichkeit des Coach erleichtert die Arbeit mit NLP und ist während des gesamten Prozesses handlungsleitend.

Die Landkarte ist nicht das Gebiet.
Der Mensch ist nicht imstande, die „wirkliche" Welt zu erkennen und zu erfassen. Jeder lebt in seiner Welt und konstruiert sich gemäß unserer individuellen sozialen und körperlichen Möglichkeiten ein eigenes Modell der Welt. Menschen verfügen niemals über identische Erfahrungen, jeder konstruiert sich seine eigene innere Landkarte. Beim Coaching-Prozeß können Entwicklungen angeregt werden, wie die eigene innere Landkarte verändert und erweitert werden könnte.

Die Ressourcen liegen in jedem Menschen. Jeder hat bereits alles, was er braucht, in sich.
Diese Grundannahme macht das ressourcenorientierte Vorgehen des NLP deutlich. Alles, was der Gecoachte braucht, um Veränderungen einzuleiten, hat er

bereits in sich. Der Coach begibt sich mit dem Gecoachten auf die Suche nach den Ressourcen und nach allen Stärken und Fähigkeiten, um die gewünschten Ziele zu erreichen und persönliche Veränderungen zu bewirken.

Körper, Geist und Seele sind eine Einheit und beeinflussen sich gegenseitig.
Jede Veränderung in einem dieser Bereiche hat auch Veränderungen in den anderen Bereichen zur Folge. Man kann Körper, Geist und Seele nicht voneinander trennen. Eine veränderte Körperhaltung oder ein veränderter Atemrhythmus bewirken Veränderungen im Fühlen und Denken.

Jedes Verhalten hat eine positive Absicht.
Dies bedeutet nicht immer eine positive Absicht für die Umwelt, sondern für denjenigen, der das Verhalten hervorbringt. Es zielt immer auf eine Vermeidung von Unangenehmem oder die Erreichung von etwas Angenehmem ab.

Der Mensch macht in jeder Situation das, was er am besten kann.
Jeder handelt entsprechend seinen persönlichen Möglichkeiten, und eine Chance zur Veränderung ist dann gegeben, wenn er mehr Wahlmöglichkeiten zur Verfügung hat. Die Idee ist, daß ein Mensch mehr Freiheit erleben kann, je mehr Wahlmöglichkeiten er zur Verfügung hat.

Die Intention einer Kommunikation erfährt man durch das Resultat, das man erhält.
Jeder hat die Verantwortung für seine Kommunikation. Wenn man ein Resultat erhält, das nicht gewünscht ist, so gilt es, die unbewußten handlungsleitenden eigenen Anteile zu entdecken und mit dem Ziel abzustimmen.

Es gibt keine Fehler, sondern nur Resultate und Feedback.
Es gibt kein „richtig" oder „falsch", sondern nur angemessen oder unangemessen in bezug auf die Situation.

Diese Grundannahmen bilden das Fundament für die Begleitung der individuellen Entwicklungsprozesse beim Coaching.

Der Coach sollte sich bewußt sein, daß der berufliche Aspekt der Person nur ein Anteil ist. Mit der Person, die ihm gegenübersteht, steht ihm nicht nur eine Führungskraft, ein Chef oder ein Mitarbeiter gegenüber, sondern ein Mensch, der sich in verschiedenen Kontexten bewegt und aufhält. Der berufliche Bereich ist nur ein Bereich im Leben und wird auch unterschiedlich von den Menschen gewichtet. Daneben existieren noch Rollen als Partner, innerhalb der Familie, unter Freunden, Verwandten, in Vereinen, Verbänden, ganz generell in anderen Systemen und Kontexten. Diese Sichtweise kann hilfreich sein bei der Entwicklung von Veränderungsprozessen und muß beachtet werden, um sicherzustellen, daß Veränderungen konkret in den Kontexten stattfinden, in denen sie gewünscht sind und daß sie mit allen anderen Bereichen vereinbar sind.

> ## ➤ NLP integriert die persönliche Weiterentwicklung in die systemische Sichtweise.

Das NLP-Modell basiert auf der kybernetischen Erkenntnistheorie Gregory Batesons. Die Kybernetik, das griechische Wort für Steuerungskunst, hat in den 40er Jahren dieses Jahrhunderts in nahezu allen traditionellen Wissenschaftsbereichen Einzug gehalten. Die Kybernetik beschreibt die Gesetzmäßigkeiten von Systemen. Sie beschäftigt sich mit der Entstehung, Aufrechterhaltung, Störung, Veränderung, Auflösung von Ordnung. Systeme sind Netzwerke von Wechselbeziehungen, in denen jedes die Bedingungen aller anderen bestimmt. Das Prinzip der Rückkopplung bildet aus kybernetischer Sicht die Grundlage menschlichen Handelns. Wenn wir uns als ein System und die Umwelt als ein System betrachten, dann wirkt die Umwelt auf uns, und wir wirken auf die Umwelt, die wiederum auf uns wirkt.

Somit ist Lernen aus systemischer Sicht die umfassende Wechselbeziehung zwischen dem System Mensch und seiner natürlichen wie sozialen Umwelt. Systemische Sichtweise ist also die Loslösung von klassischen Ursache-Wirkungs-Mustern. Im Coaching wird diese Wechselwirkung mit dem Unternehmen und die Auswirkung persönlicher Veränderung beachtet und durch intensive Feedback-Schleifen den gewünschten Resultaten angepaßt. Die systemische Sichtweise beim Coaching ist von Vorteil, da Veränderungen bei einzelnen immer auch Auswirkungen auf Mitarbeiter, Teams oder sogar auf die gesamte Organisation haben. Jeder Coach sollte sich darüber klar sein, daß soziale Systeme rückbezüglich sind und kreisförmig funktionieren, daß Veränderungen immer Auswirkungen auch auf anderen Ebenen haben. Gezielte, längerfristige, bleibende Veränderungen müssen diesen Aspekt beachten.

Aber nicht nur der Austausch mit unserer Umwelt wird im NLP unter systemischen Gesichtspunkten gesehen, sondern auch der menschliche Organismus. Durch das Prinzip der Rückkopplung ist der Mensch in der Lage, zu lernen und seine Reaktionen der Umwelt anzupassen. Auch den Menschen an sich kann man als informationsverarbeitendes System betrachten, in dem permanent rückgekoppelte Informationskreisläufe stattfinden.

NLP legt Wert auf die innere Ökologie des Menschen und beachtet die Ökologie des Systems, in dem der Mensch lebt. *So kann vorausschauend sichergestellt werden, daß Neuerungen sowohl in die Persönlichkeit als auch in das Umfeld des Gecoachten passen.*

➤ NLP verbessert die Kommunikation mit sich selbst und mit anderen.

Kongruenz bedeutet im NLP das harmonische Zusammenspiel aller Persönlichkeitsanteile. Dieses Modell mit verschiedenen Persönlichkeitsanteilen eröffnet die Möglichkeit, Harmonie als eine gelungene Kommunikation innerhalb des Menschen zu betrachten.

Viele Interventionen zielen auf die Verbesserung der zwischenmenschlichen Kommunikation ab. Gute Kommunikation ist die Basis für das Einander-Verstehen, Erfolgreich-Führen und um Problemlösungen zu initiieren.

➤ NLP zielt auf Eigenverantwortung.

Im Coaching wird der Schwerpunkt auf die Bereiche gelegt, die der Gecoachte selbst beeinflussen kann. Der Gecoachte kann seine Einstellung, seine Werte, seine Glaubenssätze, seine Fähigkeiten ändern und erweitern, er kann sich mit seinem Körper bewegen, seine Wahrnehmung ausrichten, Bedürfnisse ernst und wichtig nehmen und auf seine Art und Weise auf Umwelteinflüsse reagieren. Für all das ist der Gecoachte selbst verantwortlich. Im NLP gehen wir davon aus, daß jeder sich seine eigene Welt aktiv konstruiert, daß jeder die Entscheidung hat, auf das, was er in der Umwelt wahrnimmt, zu reagieren und es auf seine Art und Weise zu verarbeiten. Innerhalb eines Coachings ist es wichtig, die Themenpunkte herauszuarbeiten, an denen der Gecoachte etwas verändern kann und wo der Gecoachte positiv Einfluß nehmen kann. Auch während der Coaching-Sitzungen gibt der Gecoachte seine Verantwortlichkeit nicht an der Garderobe ab, sondern sollte sich die ganze Zeit seiner Verantwortung, seiner Möglichkeiten der Einflußnahme bewußt sein, und der Coach sollte dieses Verantwortungsbewußtsein fördern und stärken.

Da NLP darauf abzielt, Hilfe zur Selbsthilfe anzubieten, geht es vorrangig darum, eigene Lösungsmöglichkeiten zu entdecken und in den Alltag zu integrieren. Beim Coaching geht es überwiegend um Veränderung der eigenen Landkarte, d.h. des eigenen Denkens und Fühlens, des eigenen Verhaltens oder der eigenen Fähigkeiten.

NLP beschreibt, wie Prozesse der Veränderung eingeleitet und durchgeführt werden und wie der Gecoachte sicherstellen kann, daß die Veränderung auch in Zukunft beibehalten bleibt.

Das Ziel von Coaching ist es nicht, Erklärungen für Verhaltensweisen zu geben, sondern uns Selbsterkenntnis, Befriedigung und Selbständigkeit erreichen zu helfen.

V. Wozu kann man Coaching nutzen?

Einem sehr zerstreuten Professor fiel erst in allerletzter Sekunde ein, daß er eine Vorlesung halten sollte. Er rief sich sofort ein Taxi, sprang hinein und sagte: „Fahren Sie los, ganz schnell, so schnell, wie Sie können!" Der Taxifahrer tat, wie ihm geheißen, trat voll aufs Gas, und als er so richtig in voller Fahrt war, bemerkte der Professor, daß er das Fahrtziel gar nicht angegeben hatte. „Wissen Sie denn, wohin ich möchte?" fragte er den Fahrer. „Nein, mein Herr, sagte dieser, aber ich fahre so schnell ich kann."

So wie das Fahrzeug und das Tempo allein, so können auch eine Methode und deren Effektivität nicht allein das Erreichen eines Erfolges garantieren. Wichtig ist es, das genaue Ziel zu kennen, um die Resultate zu erhalten, die man wünscht.

Coaching-Ziele können immer nur von dem Gecoachten selbst gewählt werden. Bei ihm liegt auch die Entscheidung, ob er zu Beginn der Coaching-Maßnahme ein Problem formuliert und daran arbeitet, sich davon zu lösen oder ob er ein Ziel benennt, auf das er sich zubewegen möchte.

Um einen kurzen Überblick über die Vielfalt der Anwendungsmöglichkeiten zu geben, werden wir hier einige in Theorie und Praxis benannte Probleme und Ziele auflisten.

Oft genannte Probleme:

➤ Kündigung
➤ Streß
➤ Überforderung
➤ Streit
➤ Sinnkrisen
➤ Burn out
➤ Mobbing
➤ Umstrukturierungsmaßnahmen

➤ innere Kündigung
➤ Führungsprobleme
➤ private Probleme
➤ Zeitdruck
➤ zwischenmenschliche Konflikte
➤ Barrieren und Blockaden
➤ alte Programme und Muster
➤ Ängste

Oft genannte Ziele:

- Lust auf persönliche Bestleistung
- über die eigenen Grenzen hinauswachsen wollen
- Beziehungsfähigkeit erhöhen
- Führungskompetenz erweitern
- Stärken anderer erkennen und unterstützen
- Kreativität fließen lassen
- Visionen entwickeln und vernetzen
- sich sicher fühlen
- Selbstwert stärken
- Respekt und Achtung für sich und andere
- Feedback als Chance nutzen
- aus eigenen Fehlern lernen
- persönliche Standpunkte klar und konsequent vertreten
- Wahrnehmungsfilter ändern
- neugierig sein, achtsam sein, zuhören können
- Feedback geben
- Zusammenhänge erkennen
- respektvoll kommunizieren
- Dialoge meistern
- andere Meinungen als mögliche Bereicherung erleben
- eigene „blinde Flecken" erhellen
- entspannt leben
- Prioritäten setzen
- Balance zwischen Arbeit, Beziehungen, Freunden, Selbst
- Standortbestimmung
- Karriere planen
- neue Aufgabengebiete kompetent übernehmen
- neue Mitarbeiter integrieren

- ➤ erfolgreiche Begleitung von Team-arbeit oder Projekten
- ➤ elegante Umsetzung einer neuen Firmenphilosophie
- ➤ Mitarbeiter motivieren
- ➤ mehr Spontaneität erleben
- ➤ für die Zukunft gerüstet sein
- ➤ mehr Lust auf Lernen entwickeln
- ➤ den eigenen Vorurteilen auf die Spur kommen

- ➤ innere Zustände managen
- ➤ Lust auf Selbstverwirklichung im Beruf
- ➤ vorhandene Potentiale stärken
- ➤ Fähigkeiten und Ressourcen ausschöpfen
- ➤ Lebensaufgabe erkennen
- ➤ ethische Stimmigkeit
- ➤ kongruent leben
- ...

Diese Übersicht erhebt nicht den Anspruch auf Vollständigkeit, sondern sie soll dazu anregen, neugierig zu sein, wozu Coaching genutzt werden kann.

Keine Coaching-Maßnahme gleicht der anderen und eventuell auftauchende Ähnlichkeiten bei Problem, Ziel oder Zielgruppe sollten zu ganz besonderer Achtsamkeit anregen. Es gibt auch hier keine einfachen Rezepte oder Arbeitsanleitungen, *sondern das Interesse, die Neugier und das wirkliche „Wissen wollen" können die respektvolle Grundlage für die Lösungsfindung sein.*

VI. Wer coacht wen?

„Es gibt sogar etwas, was Gott nicht kann", sagte ein Meister zu seinem Schüler. „Und was ist das?" „Er kann es nicht jedem recht machen."

Es gibt Vor- und Nachteile beim internen und externen Coaching. Je nach Bedarfslage kann ein Unternehmen entscheiden, ob es einen internen Coach etabliert oder einen externen Coach hinzuzieht.

Der interne Coach

Der interne Coach ist Teil der Organisation und hat in der Regel auf Grund fachlicher Kompetenz eine Position erreicht, in der er die Führungsaufgabe für einen oder mehrere Mitarbeiter hat. Eine solche Führungsaufgabe hat schon immer die Fürsorgepflicht für seine Mitarbeiter mit beinhaltet. Also meinen viele, Coaching bedeute alter Wein in neuen Flaschen. Es bietet allerdings auch einen neuen Ansatz, nämlich den des geplanten, gezielten Coaching und sorgt dafür, daß die Führungskraft vor den Problemen, die anstehen, zum Beispiel Leistungsabfall oder sonstige auffällige Symptome, nicht mehr die Augen verschließen kann.

Das Mitarbeiter-Coaching ist keine zeitlich begrenzte, sondern eine permanente Führungsaufgabe und erfordert über das Erreichen von Zielen hinaus eine Kontinuität der Betreuung. Dadurch, daß der Vorgesetzte direkt das Arbeitsfeld des Gecoachten kennt, die Umgebung, die Anforderungen und alle wichtigen Faktoren, wie die Marktlage und Interna der Firma, ist es ihm relativ leicht, direkt auf die Kernfragen einzugehen.

Um Coaching zu einem gelungenen Prozeß werden zu lassen, ist es wichtig, nicht die Arbeitsanforderungen von außen in den Mittelpunkt, sondern den Gecoachten, den Menschen in den Mittelpunkt des Coaching zu stellen.

Nur wenn dieses Verrücken der Perspektiven gelingt, dann ist auch der Coaching-Prozeß als gelungen anzusehen. Der Unterschied zum normalen Führungsverhalten liegt in der *geplanten* Coaching-Situation und in der *kontinuierlichen effizienten* Begleitung, liegt in dem Versuch, mehr Humanität in Arbeits- und Geschäftsbeziehungen zu bringen und der Tatsache Rechung zu tragen, daß man inzwischen erkannt hat, daß die größte Ressource und das größte Potential in einem Unternehmen der Mensch ist.

Selbst bei noch so gewollter und gekonnter Abgrenzung können persönliche Probleme nicht an der Arbeitstür haltmachen und von daher auch im Betrieb nicht ausgespart werden, ohne einen großen Energieverlust zu bewirken.

Da diese Anforderungen an den Coach in der Regel über fachliche Kompetenz, wie Zusammenhänge im Betrieb usw. und die Führungskultur oder die Unternehmenskultur hinausgehen und psychotherapeutische Grundlagen, kommunikative Fähigkeiten und beraterische Kompetenz erfordern, ist es gerade für die Führungskraft im Betrieb sehr schwierig, diesen Anforderungen als Coach gerecht zu werden. Den Menschen in den Mittelpunkt zu stellen, bedeutet ja nicht, sich nach seiner Familie und seinen Hobbies zu erkundigen, um einen ganzheitlichen Beratungsansatz zu praktizieren, sondern das bedeutet, Methoden zur Verfügung zu haben, um die persönlichen Anliegen des Mitarbeiters ernstzunehmen und respektvoll in einer vertrauensvollen Atmosphäre zu klären und methodisch sauber damit umzugehen. Hier reicht nicht Charisma und persönliche Ausstrahlung aus, um den anderen zu führen, sondern es ist beraterische Kompetenz und Einfühlungsvermögen notwendig, und es ist vor allen Dingen notwendig, sich sicher mit seinen Instrumenten zu fühlen, d.h. hier nicht mit Lebenserfahrung und viel Zivilcourage heranzugehen und Ratschläge zu erteilen, sondern behutsam nachzufragen, Informationen zu sammeln, Rapport herzustellen, sich in den anderen einzufühlen, die Welt aus seinen Augen wahrzunehmen usw., bis zu ganz gezielten Interventionen, um Ressourcen auszubauen und stärkend Unterstützung zu geben.

Dies stellt sehr hohe Anforderungen an den Coach bezüglich seiner Fähigkeit, nur als Spiegel, als Reflektor zu dienen und mit seinen eigenen Wünschen und Zielen außerhalb der Coaching-Situation zu bleiben, sich dennoch einfühlend in die Rolle und in die Situation, in die Position des anderen begeben zu können. Das bedeutet, eben keine Ratschläge zu geben, sondern darin zu unterstützen, eigene Lösungen zu finden: Hilfe zur Selbsthilfe und immer wieder Hilfe zum Selbstmanagement. Und jeweils immer wieder in die Welt des anderen einzutauchen. Hierbei ist die totale Unabhängigkeit des Coach vom Gecoachten notwendig und hier wird die Gefahr deutlich, die sich beim Mitarbeiter-Coaching innerhalb einer Organisation stellt: Sollten der Coach und der Gecoachte in irgendeiner Konkurrenzsituation zueinander stehen, ist Coaching selbstverständlich völlig unangebracht. Und inwieweit Mitarbeiter-Coaching von direkten Vorgesetzten wirklich sinnvoll und uneigennützig geleistet werden kann, ist insofern fraglich, als es immer ein Abhängigkeitsverhältnis und ein Oben und Unten gibt. Am einfachsten stellt sich eine Coaching-Situation dann dar, wenn Coach und Gecoachter auf gleicher Ebene stehen, voneinander unabhängig sind, im Sinne von wirtschaftlicher und emotionaler Unabhängigkeit und der Coach weitgehende Freiheit hat, alle ihm auffallenden Situationen und Hinweise anzusprechen und mit Feedback dem Gecoachten die Möglichkeit zu bieten, sein eigenes Verhalten und seine Wirkung auf andere zu überprüfen.

So bleibt für den Vorgesetzten als Mitarbeiter-Coach klar zu wünschen, daß eine Ausbildung und eine Weiterqualifizierung für die Übernahme einer solchen Tätigkeit zur Voraussetzung wird. In der Regel wurde eine Führungskraft bisher für eine solche Aufgabe weder ausgewählt, ausgebildet, noch bezahlt. In der Zukunft ist es durchaus denkbar, daß dies einen wesentlichen Teil der Führungsaufgabe ausmacht. Wer als Führungskraft Coaching als gelungenens Konzept etablieren kann, wird neue Wege öffnen, um seine Mitarbeiter zu begeistern und das Engagement für das Unternehmen entscheidend erhöhen können.

Der externe Coach

Der externe Coach wird für seine Aufgabe genauestens ausgewählt und für seine Dienste entsprechend entlohnt. Er ist ein unabhängiger Berater, der zur Unterstützung in ein Unternehmen gerufen wird und der seine Dienste zu einem festgesetzten Preis für eine vereinbarte Zeit anbietet.

Das bedeutet, daß man ein genaues Anforderungsprofil für einen Coach ansetzt und davon ausgeht, daß jeder externe Berater für sich verpflichtet ist, sein Know-How zu schärfen, seine Methoden jeweils auf den neuesten Stand zu bringen und dafür zu sorgen, daß er den Anforderungen, die an ihn in seinem Berufsleben gestellt werden, gerecht werden kann.

Der Nachteil, den er gegenüber Unternehmensmitgliedern hat, besteht in dem Informationsbedarf über Firmen-Philosophie, Unternehmenskultur, Lernfeld und heimliche Spielregeln. Oftmals sind diese Themen Coaching-Inhalt und werden stark eindimensional dargestellt, sie stellen Erfahrungen aus „Zweiter Hand" dar.

Der entscheidende Vorteil eines externen Coach liegt in seiner Unabhängigkeit, die er sich in jedem Fall bewahren sollte. Oftmals ergibt sich eine Gratwanderung zwischen den Zielen des Gecoachten und den Zielen des Unternehmens, speziell wenn das Unternehmen der Auftrag- und Geldgeber ist.

Da der externe Coach außerhalb der Konkurrenz eines Systems steht, fällt es manchen Führungskräften, Managern und Mitarbeitern leichter, wichtige Probleme und Karrierefragen offenzulegen.

Die Qualifikationen und die unserer Meinung nach wichtigen Fähigkeiten und Qualitäten eines Coach werden wir in Kapitel IX ausführlich beschreiben.

Der Gecoachte

Der Gecoachte hat für sich abgeklärt, ob er in einer Weiterbildungsmaßnahme die entsprechende Unterstützung für sein Ziel erhalten würde und für sich entschieden, inwieweit sein Thema der Intimität einer Dyade bedarf und somit ein Anlaß für ein Einzel-Coaching ist.

Bei Mitarbeiter-Coaching wäre es wünschenswert, wenn die Maßnahme vom Mitarbeiter ausgehen würde und er sich seinen Coach frei wählen könnte.

VII. Wo ist Coaching sinnvoll?
Voraussetzungen

Der kleine Karl geht mit dem Pfarrer nach dem Unterricht durchs Dorf. Um nach Hause zu kommen, benutzen sie eine Abkürzung über den zugefrorenen See. Da sagt der Pfarrer: „Ist es nicht ein Wunder, wie unser Herr einen so schönen großen See einfach zufrieren lassen kann!" Darauf antwortet Karl: „Na, das ist kein Kunststück im Winter."

Wunder sind scheinbar leichter zu zaubern, wenn die Voraussetzungen stimmen. Auch Veränderungen in Unternehmen funktionieren leichter, wenn das Umfeld stimmt.

Um Coaching erfolgreich in Unternehmen zu etablieren, ist es notwendig, daß dieses Konzept in der Unternehmensphilosophie verankert ist und im Rahmen der Personalentwicklung als selbstverständlich betrachtet wird. Dabei ist ein wesentlicher Aspekt immer auch die Einbettung in die Unternehmenskultur und in die Vision des Unternehmens.

Durch die Schaffung von flachen Hierarchien, Einführung von Gruppenarbeit und Teamentscheidungen hat sich ein Wandel vollzogen, der neue Umgehensweisen und Anforderungen an Führungspersönlichkeiten stellt. Ein Handeln von innen heraus wird getragen von der Überzeugung, daß Kreativität in einem Team immer größer ist als bei Einzelpersonen, daß neue Möglichkeiten und Lösungen von mehreren leichter gefunden werden als von einer Einzelperson, die nur auf ihre eigenen Erfahrungen und ihre eigenen Modelle von der Welt zurückgreifen kann.

Lernende Organisationen können die Antwort auf die Anforderungen des nächsten Jahrtausends darstellen. Nur wer dem schnellen Wandel auch auf schnelle und effektive Art begegnen kann, hat eine Chance. Coaching stellt eine Möglichkeit dar, diesen Wandel vorzubereiten und trägt der Erkenntnis Rechnung, daß wir voneinander und miteinander lernen können.

Lernende Organisation als sinnvoller Rahmen

Um Lernende Organisationen zu schaffen oder den Prozeß der Lernenden Organisation zu beginnen, ist auf allen Ebenen Umdenken notwendig. Es geht um einen grundlegenden Paradigmenwechsel. Und da dieser nicht von allein und aus heiterem Himmel geschieht, meistens noch nicht einmal nach einer Krise, ist Coaching eine Möglichkeit, dieses Umdenken, diesen Wahrnehmungswandel anzuregen.

Bei der Umsetzung von lernenden Organisationen bezieht sich Peter Senge auf fünf Disziplinen. Er benennt als erstes *Systemdenken*, die Fähigkeit, eine Organisation als einen Organismus zu betrachten, der durch ein unsichtbares vernetztes Gewebe von Handlungen verbunden ist und durch Wechselwirkungen miteinander funktioniert. Dieses Systemdenken ist insofern so ungeheuer wichtig, als es all die einzelnen Teile miteinander verknüpft und die Beziehungen untereinander deutlich und transparent macht. Dies führt dazu, sich auch langfristig mit den Folgen des eigenen Handelns und Tuns auseinanderzusetzen.

Die zweite genannte Disziplin ist *Personal Mastery*, d.h. die eigene Initiative, die dazu führt, die persönliche Bestleistung zu erbringen. Kontinuierliche Weiterentwicklung und Selbstverwirklichung im Beruf bedeutet nicht Stehenbleiben oder Sitzenbleiben auf dem einmal Erlernten, nachdem man ausgelernt hat, sondern die kontinuierliche Weiterentwicklung, Bündelung und Ausrichtung der eigenen Energien hin auf ein Ziel. Eine Lernende Organisation kann nur dann entstehen, wenn die Mitarbeiter daran interessiert sind, weiterzulernen, weiterzuwachsen und sich selbst zu verwirklichen. Hier setzen Coaching-Maßnahmen einen gelungenen

Meilenstein für die individuell auf den Gecoachten abgestimmte Möglichkeit, *Personal Mastery* in die Tat umzusetzen. Neben Trainings- und persönlichen Weiterbildungsprogrammen ist Coaching die gezielteste Möglichkeit, *Personal Mastery* in einem Unternehmen zu erlangen und auf Systemebene mit den anderen zu vernetzen.

Denn *Personal Mastery* bedeutet einerseits, kontinuierlich die Realität deutlich wahrzunehmen und sich sensibel zu machen für Veränderungen, Neuerungen und Grenzerweiterungen und darauf zu reagieren, und andererseits immer wieder nach persönlicher Bestleistung zu streben, die eigenen Visionen in den Alltag umzusetzen und mit anderen gemeinsam zu verwirklichen.

Personal Mastery kommt von innen heraus und kann in einer Organisation von außen unterstützt werden. *Personal Mastery* findet nicht nur in Wechselwirkung mit der Umwelt statt, sondern auf allen von Robert Dilts definierten Ebenen. Sie beinhaltet ein Verhalten, das sich auf Neugierde, Achtsamkeit und Lust an der persönlichen Bestleistung gründet, ein Verhalten, das immer wieder nach Lösungen sucht und ein Miteinander kreiert, das getragen wird von Respekt, Toleranz und Achtsamkeit.

Es gibt Werte, die zum Teil schon benannt wurden, die *Personal Mastery* stützen. Diese Werte können sein: Weiterentwicklung, Freiheit, Selbstbehauptung, Vertrauen, Harmonie, Liebe und vor allen Dingen auch die Gewißheit, daß jeder seinen Beitrag leisten kann, die Lebensqualität aller ein wenig anzuheben, daß jeder seinen Teil zu der gemeinsamen Vision beisteuern kann. Dies bedeutet, die Wertschätzung des eigenen Beitrages wahrzunehmen, daß man etwas Wichtiges und Wertvolles zu geben hat, und nicht nur den Beitrag der anderen zu schätzen.

Auf der Ebene der Identität bedeutet das, sich über seine Rolle, seine Funktion, seine Wichtigkeit, seine Einbettung im klaren zu sein. Auf der Ebene von gemeinsamer Vision, zu wissen, welchen Part jeder dazu beitragen kann.

Personal Mastery zielt nicht nur auf die Verbesserung von fachlichen, sondern auch auf die Erweiterung der emotionalen und sozialen Kompetenzen ab. Es geht darum, die vorhandenen Ressourcen so gut wie möglich zu nutzen. *Personal Mastery* ist kein Gegenstand und keine Eigenschaft, sondern es ist ein Prozeß. Ein Prozeß, der auf die adäquate Reaktion auf Umweltveränderungen abzielt.

Grundlage für *Personal Mastery* ist eine gemeinsame Vision, sie geht einher mit einer eigenen persönlichen Vision, einer Lebensaufgabe, der man sich innerlich verpflichtet fühlt. Dies bedeutet, sich seiner Lebensaufgabe bewußt zu sein, das eigene Wertesystem und die eigene Motivation zu kennen. Wenn Arbeit von einer solchen Werthaltung gestützt wird, dann kennt jeder das Gefühl, im Einklang mit der Ordnung des Universums zu sein.

Somerset Maugham sagt: „Nur mittelmäßige Menschen sind immer in Bestform." Das bedeutet für *Personal Mastery*, sowohl die Schwächen als auch die Stärken wahrzunehmen und nicht die Augen davor zu verschließen und beharrlich den Weg vom Opfer zum eigenverantwortlichen Handeln zu gehen. Dies bedeutet nicht das Leugnen von Einflußfaktoren aus der Umgebung, ganz im Gegenteil. Sich der Wechselwirkung mit seiner Umwelt bewußt zu sein und die eigene Reaktion darauf zu kennen, ist ein Teil genau dieser Disziplin, und der wichtigste Motivator dabei ist die Eigenverantwortung und die eigene Entscheidung.

Als dritte Disziplin der Lernenden Organisation nennt Senge *mentale Modelle*. Dies sind unsere Glaubens- und Wertvorstellungen und Muster, also die individuellen Filter, die wir im Laufe unserer Erziehung entwickelt haben, jedoch auch die kulturellen Filter, die wir als Nation gemeinsam leben. Er benennt mentale Modelle als die größte Bremse für Veränderungen, da Erneuerungen oft an den Grenzen der Menschen in ihrem Kopf scheitern. In der Lernenden Organisation ist es wichtig, diese mentalen Modelle bewußt zu machen, aufzuspüren, zu erweitern und damit die Möglichkeit zu schaffen, Veränderungen von innen heraus zu bejahen und auch kongruent umzusetzen.

Als vierte Disziplin benennt Senge: *Eine gemeinsame Vision entwickeln*. Nur wenn eine gemeinsame, tragfähige Vision vorhanden ist, in der jeder seinen Beitrag leisten kann und jeder seine eigenen Werte und Ziele mit einordnen und die Idee und das Gefühl entwickeln kann, daß dies ein wichtiger Teil, eine bedeutsamer Teil in seinem Leben ist, nur dann wird alle Energie in diese gemeinsame Arbeit gelenkt und gebündelt werden können, um das Gelingen eines Projektes, eines Planes oder eines Unternehmens zu sichern. Auch hier kann Coaching einen Beitrag leisten, denn die Grundlage dafür ist, eine eigene Vision entwickelt zu haben, um sie dann gemeinsam mit anderen so zu formen, daß es für alle ein lohnenswertes, erstrebenswertes Ziel wird.

Die fünfte Disziplin benennt Peter Senge als *Teamlernen*. Dies ist die Möglichkeit, aus den Ressourcen aller synergetische Effekte zu schöpfen. Mit der Fähigkeit, andere Meinungen zu akzeptieren und in die eigenen Überlegungen miteinzubeziehen, schafft man eine Möglichkeit der unendlichen Erweiterung von Kreativität. Im Team-Coaching und der Unterstützung genau dieser Lernkultur liegt auch der Beitrag von Coaching für Lernende Organisationen auf der Teamebene.

Freiwilligkeit als notwendige Voraussetzung

Grundlage für eine sinnvolle und erfolgreiche Coaching-Maßnahme ist der eigene Wille und Wunsch, selbst nach Verwirklichung zu streben und nicht von außen heraus verändert zu werden. Menschen wehren sich nicht gegen Veränderung, sie wehren sich dagegen, verändert zu werden. Eine der besten Motivationsmöglichkeiten besteht darin, Menschen selber wählen zu lassen und den Weg einschlagen zu lassen, den sie gerne möchten.

VIII. Wie funktioniert Coaching?
Der Coaching-Prozeß

Im folgenden beschreiben wir die Phasen, die in jedem Coaching stattfinden sollten, unabhängig davon, um welche Inhalte, welche Personen oder um welche Thematik es sich handelt. Die einzelnen Phasen des Prozesses bauen aufeinander auf und sind teilweise Voraussetzung für die Weiterarbeit in der nächsten Phase.

Überblick

1. Vorbereitung
2. Rapport herstellen, Kontakt und Nähe
3. Vereinbarungen
4. Informationssammlung zu z.B.:
   - ➤ Problem
   - ➤ Ziel
   - ➤ Ressourcen
5. Interventionen zu z.B.:
   - ➤ Ziele und Visionen
   - ➤ Motivation
   - ➤ Kreativität
   - ➤ Kommunikation
   - ➤ Kongruenz

> **Zeit**
> **Entspannung und Gesundheit**
> **Gedächtnis**
> **Selbstentfaltung**

6. **Transfer in den Alltag**
7. **Feedback**
8. **Beenden**
9. **Nachbereitung**

Der Verlauf

1. Vorbereitung des Coach

Diese Phase scheint ganz selbstverständlich zu sein, und doch wird sie im Alltag häufig vernachlässigt. Zur Vorbereitung des Coach gehört sowohl eine inhaltliche Vorbereitung als auch die emotionale Einstellung auf das Coaching-Gespräch. Dazu gehört, daß ich mich von anderen Inhalten löse und mich ganz auf das bevorstehende Gespräch einstelle, daß ich für die organisatorischen Rahmenbedingungen sorge wie Ort und Zeit als auch dafür, daß ich den inneren Zustand in mir herstelle, den ich für erfolgreiches Coaching benötige. Folgende Fragen sollen anregen, sich auf seine bevorstehende Coaching-Sitzung einzustimmen.

Vorbereitungsfragen

> *Wen erwarte ich?*
> *Zu welchem Zeitpunkt und in welchem Kontext treffe ich diese Person?*
> *Welchen Zeitrahmen habe ich zur Verfügung?*
> *Welche Absprachen sind bereits getroffen worden?*
> *Was qualifiziert mich dazu, daß derjenige mir zuhören sollte?*
> *Was sind die generellen oder betrieblichen Vorteile, mit dieser Person ein Coaching durchzuführen?*
> *Was ist der konkrete Nutzen für den Gecoachten?*
> *Welche Metaphern oder Bilder würden auf die derzeitige Situation passen?*
> *Welche Ziele habe ich für den Gecoachten?*
> *Welche Ziele habe ich für mich?*
> *Woran erkenne ich, daß ich diese Ziele erreicht habe?*
> *Welche Aktivitäten habe ich vor?*
> *Welche Probleme und Schwierigkeiten erwarte ich?*

➤ *Was kann ich tun, um diese Schwierigkeiten zu lösen oder zu vermeiden?*
➤ *Welcher innere Zustand kann mich im Coaching unterstützen?*
➤ *Wie kann ich diesen Zustand in Dir herstellen? – Jetzt!?*

2. Rapport

„Momo konnte so zuhören, daß dummen Leuten plötzlich sehr gescheite Gedanken kamen. Nicht etwa, wie sie etwas sagte oder fragte, brachte den anderen auf solche Gedanken, nein, sie saß nur da und hörte zu mit aller Anteilnahme und Aufmerksamkeit. Dabei schaute sie den anderen mit ihren großen, dunklen Augen an, und der Betreffende fühlte, wie in ihm auf einmal Gedanken auftauchten, von denen er nie geahnt hatte, daß sie in ihm steckten. Sie konnte so zuhören, daß ratlose und unentschlossene Leute auf einmal ganz genau wußten, was sie wollten, oder daß Schüchterne sich plötzlich frei und mutig fühlten oder daß Unglückliche und Bedrückte plötzlich zuversichtlich und froh wurden. Wenn jemand meinte, sein Leben sei ganz verfehlt und bedeutungslos und er selbst nur irgendeiner unter Millionen, einer, auf den es überhaupt nicht ankommt und der ebenso schnell ersetzt werden kann wie ein kaputter Topf, und er ging hin, und erzählte das alles der kleinen Momo, dann wurde ihm, noch während er redete, auf geheimnisvolle Weise klar, daß er sich gründlich irrte, daß es ihn, genauso wie er war, unter allen Menschen nur ein einziges Mal gab und daß er deshalb auf seine besondere Weise für die Welt wichtig war. So konnte Momo zuhören.“ – Michael Ende

Coaching ist eine Maßnahme, die grundlegend davon abhängt, ob eine Vertrauenssituation geschaffen werden kann, das, was wir im NLP Rapport nennen, eine Grundlage für Offenheit und die Möglichkeit, die Probleme anzusprechen, die den Menschen wirklich bewegen.

Ein guter Kontakt und eine vertrauensvolle Beziehung ist die Grundlage für jegliche Veränderungsarbeit im Coaching. Erst in einer tragfähigen Beziehung, in der sich der Gecoachte sicher fühlt und Vertrauen entwickelt, kann offen mit der nötigen Intensität über die Probleme, die derzeitige Situation oder persönliche Ziele gesprochen werden. Rapport ist nicht ein Zustand, den man einmal hergestellt hat und auf den man dann nicht mehr zu achten braucht, sondern ein Prozeß, der immer wieder neu zu beachten ist und den man im Laufe einer Coaching-Sitzung verlieren kann, um den man sich bemühen muß und den man immer wieder auch bewußt herstellen sollte, wenn man merkt, daß man zum anderen „den Draht" verloren hat.

3. Vereinbarung

Zu Beginn des Coaching-Prozesses sind Vereinbarungen mit dem Gecoachten recht nützlich, die sowohl auf organisatorische Aspekte wie Ort, Zeit, Geld, Umgang mit Absagen usw. eingehen als auch auf den Rahmen der inhaltlichen Zusammenarbeit. In dieser Phase sollten die gegenseitigen Erwartungen und Wünsche ausgesprochen, geklärt und mit einer gemeinsamen Vereinbarung offengelegt werden. Der Coach stellt in dieser Phase vor, was er anbietet, was er leisten kann, aber auch, was er nicht leisten kann. Er stellt seine Sicht des Menschen und sein Menschenbild, seine Sichtweise von Veränderungen vor und seinen roten Faden beim Coaching. Der Gecoachte spricht offen über seine Erwartungen und Wünsche. In dieser Phase sollte es eine gegenseitige Zustimmung zur Zusammenarbeit geben. Sollten die Erwartungen, Wünsche und Vorstellungen in dieser Phase nicht zusammenpassen, sollte dies offen angesprochen und entweder geklärt werden oder aber die Zusammenarbeit beendet werden.

Vorbereitung zu Vereinbarungen

Für den Coach:

➤ *Was kannst Du tun, um das Coaching mißlingen oder gelingen zu lassen?*
➤ *Wie kannst Du Lernen und Wachstum verhindern oder unterstützen?*
➤ *Was kannst Du tun, um die Beziehung zum Gecoachten zu stören oder zu stabilisieren?*

Für den Gecoachten:

➤ *Was kannst Du tun, um das Coaching mißlingen oder gelingen zu lassen?*
➤ *Wie kannst Du Lernen und Wachstum verhindern oder unterstützen?*
➤ *Was kannst Du tun, um die Beziehung zum Coach zu stören oder zu nutzen?*

Für Coach und Gecoachten gemeinsam:

➤ *Wertet zusammen die Antworten aus und entwerft Kriterien für eure gemeinsame Zusammenarbeit.*
➤ *Achtet darauf, daß Ihr die Vereinbarungen positiv formuliert und benennt all die Kriterien, die Eure Zusammenarbeit fruchtbar und schöpferisch werden lassen können.*
➤ *Die Vereinbarungen sind keine Resultate, sondern geben eine Richtung an, die den aktuellen Bedürfnissen entsprechend vervollständigt werden kann.*

4. Informationssammlung

Eine kleine Gesellschaft war einmal in einem chinesischen Restaurant zum Essen, in dem ein Musiker eine ganz bekannte Melodie spielte. Niemand in dieser Gesellschaft konnte sich erinnern, wie der Titel dieses Stückes heißt, obwohl alle genau wußten, daß sie es kennen. Da rief ein Gast den Kellner herbei und bat ihn, herauszufinden, was der Mann spiele. Der Kellner eilte durch den Raum und kam dann strahlend mit der Nachricht zurück: Violine.

Informationssammlung meint das *genaue* Nachfragen zu Problem, Ziel und Ressourcen des Gecoachten.

Die Informationssammlung ist der wichtigste Schritt vor der eigentlichen Veränderung. In dieser Phase taucht der Coach in die Lebenswelt und die Landkarte des Gecoachten ein und versucht, möglichst umfassend Informationen über die Umwelt, über das Verhalten, über die Fähigkeiten, die Glaubenssätze und Werte des Gecoachten zu gewinnen. In dieser Phase gilt es, die Sinne wach und offen zu halten, aufmerksam und neugierig zu sein, zuzuhören und herauszufinden, welche Informationen wichtig, welche hilfreich und welche nützlich für den Veränderungsprozeß sein können. Hier ist die Fähigkeit des Coach gefragt, Informationen wahrzunehmen, Generalisierungen, Tilgungen und Verzerrungen aufzudecken und nachzufragen.

So erhalten wir die Information, wie ein Problem organisiert ist, was das eigentlich Hinderliche daran ist, welche Ziele sich daraus ergeben und welche Ressourcen der Klient hat oder noch entwickeln möchte. Die Informationssammlung wird beendet mit dem Entschluß, eine bestimmte Intervention durchzuführen.

5. Intervention

Jetzt wird die eigentliche Veränderung vorgenommen. Hier werden Möglichkeiten vorgestellt, wie die Landkarte des Gecoachten so verändert werden kann, daß persönliche Ziele leichter erreicht und gelebt werden können. Wir haben einige Interventionen zusammengestellt, die nach unserer Erfahrung in Coaching-Prozessen häufig Anwendung finden. Es ist wichtig, sich nicht an die Beispielinterventionen zu klammern und an ihnen festzuhalten, sondern eigene Interventionen zu entwickeln, die auf die Inhalte und die Personen maßgeschneidert sind. Wir beschreiben in den folgenden Interventionen den wesentlichen Prozeß, wir raten jedem Coach jedoch, diesen Prozeß möglichst genau und zielgerichtet auf die Bedürfnisse, das Thema des Gecoachten zuzuschneiden.

„Was denkst Du, wenn Du zu einem Optiker kommst und sagst: ‚Guter Mann, ich sehe die Dinge nicht mehr so wie früher.' Und er antwortet Dir: ‚Wunderbar, das kenne ich, Ihnen kann geholfen werden. In diesem Fall empfehle ich Ihnen eine Brille.' Und er nimmt sich die Brille von der Nase, legt sie Dir hin und sagt: ‚Nehmen Sie diese. Die hat mir bei dem gleichen Problem wunderbare Dienste geleistet.'" – St. Covey

Jede Intervention sollte vor der Durchführung auf die Ökologie, also auf die Konsequenzen und Auswirkungen in der Lebenswelt des Gecoachten hin überprüft werden. Es sollte überprüft werden, was für Auswirkungen es hat, wenn der Gecoachte einen erfolgreichen Veränderungsprozeß eingeleitet hat. Natürlich sollte auch der Kontext, d.h. wann, wo und mit wem die Veränderung stattfinden soll, genauestens festgelegt sein. Die Interventionen beschreiben den wesentlichen Prozeß der Veränderung, sie gehen nicht ein auf all die Punkte, die schiefgehen können oder wo der Prozeß stocken kann. Hier ist die Kreativität, die Flexibilität und der Einfallsreichtum des Coach gefragt.

6. Transfer

Jeder Veränderungsprozeß oder jede Intervention sollte sicherstellen, daß die Veränderung auch in Zukunft gewährleistet ist und daß gewünschte Verhaltensweisen auch in Zukunft zur Verfügung stehen. Mit dem Future Pace, also dem Sprung in die Zukunft, mit Visualisierungsübungen, Phantasiereisen oder Hausaufgaben kann sichergestellt werden, daß die Veränderung sich allmählich in der Alltagswelt des Gecoachten etabliert, daß die Veränderung ganz selbstverständlich und leicht Teil des Lebens und des Alltags wird. Auf der Transfer-Ebene soll sichergestellt werden, daß der Lernprozeß nicht nur in Coaching-Situationen stattfindet, sondern in die Lebenswelt des Gecoachten transportiert wird.

7. Feedback

Jeder Mensch ist selbst ein System und Teil eines anderen Systems. Wenn man Teile bei sich verändert, hat es auch immer Auswirkungen auf andere Teile des eigenen Systems oder auf andere Systeme. Durch das Feedback wird gewährleistet, daß man Rückmeldungen über Veränderungsprozesse erhält, d.h. man bekommt Anregungen und Geschenke dafür, inwieweit die eigene Veränderung sich in andere Systeme etablieren läßt und anerkannt wird oder aber noch weiter verändert werden muß. Der Feedbackprozeß im Coaching ist eine sehr wichtige Phase. Hier erhält der Gecoachte eine offene, ehrliche Rückmeldung über das, was der Coach wahrnimmt an Veränderungsprozessen und was aus seiner Sicht zu verbessern wäre. Durch das Feedback der Umwelt auf eigene Veränderungen erhalten wir eine Rückmeldung darüber, ob wir gewünschte Ergebnisse bereits erreicht haben oder was noch verändert oder gegebenenfalls verbessert werden muß.

8. Beenden

Die Phase des Beendens bezieht sich sowohl auf das Beenden einzelner Coaching-Sitzungen als auch das Beenden eines gesamten Coaching-Prozesses. Bei der Beendigung einzelner Coaching-Sitzungen ist darauf zu achten, daß der Klient in einem positiven Zustand entlassen wird, daß er soweit in der Lage ist, die Sitzung für sich als abgeschlossen zu betrachten, auch wenn sie gedanklich oder gefühlsmäßig immer noch nachwirken wird. Ein gesamter Coaching-Prozeß wird dadurch beendet, das man ein Resümee macht: Beginn, Verlauf, wesentliche Veränderungspunkte und Erfolge skizziert. Ein Coaching zu beenden heißt, daß sich Coach und Gecoachter voneinander verabschieden und lösen.

9. Nachbereitung

Die Nachbereitung des Coaching-Prozesses gewährleistet, daß der Coach aus der Erfahrung des gemachten Coachings profitiert, selber lernt, sich weiterentwickelt, eigene Stärken und Schwächen festhält, eigene Grenzen, aber auch Ressourcen und Talente erkennt und diese für die eigene Supervision oder den eigenen Entwicklungsprozeß nutzt. Nach unserer Erfahrung stellt der Coach selber immer auch ein Modell für Lernfähigkeit und Veränderungsfähigkeit dar. Die Lernchance besteht darin, nicht nur die positiven, sondern auch die verbesserungswürdigen Aspekte eines geglückten Coaching festzuhalten und in persönliche Entwicklungsschritte zu investieren.

Der Coaching-Prozeß gilt als erfolgreich abgeschlossen, wenn alle Phasen durchlebt wurden, der Gecoachte sein Ziel erreicht hat und/oder wenn beide zufrieden sind mit dem Resultat.

IX. Interventionsmöglichkeiten

Wegweiser

Maßgeschneiderte Interventionen entwerfen

Jedes Coaching ist ein einzigartiges Abenteuer, das neugierig erkundet und achtsam erlebt werden kann. Dies bedeutet, offen zu sein für alle angebotenen Themen und auftauchenden Fragen. Wir haben hier eine Auswahl von Kernthemen zusammengestellt, die uns immer wieder begegnet sind.

In unseren Coachings haben wir die bereits vorhandenen NLP-Ressourcen genutzt, aus bekannten Übungen neue Prozesse zusammengestellt und erweitert oder mit dem **Übungs-Design** neu entwickelt.

Die Besonderheit beim Coaching liegt in der Möglichkeit, sich gezielt auf den Gecoachten einzustellen. Dazu gehört unseres Erachtens auch, die Prozesse maßzuschneidern und die Übung genau auf die Person anzupassen.

Das Kreieren von Phantasiereisen ist in unserem Buch *Phantasiereisen leicht gemacht – Die Macht der Phantasie* und das Entwerfen eigener Metaphern bei Genie Laborde *Kompetenz und Integrität* und Alexa Mohl *Der Meisterschüler* nachzulesen.

Wir möchten Sie dazu einladen, mit dem **Übungs-Design** und den folgenden Themen eigene Übungen zu kreieren.

Übungs-Design

1. Informationssammlung
- ➤ Rahmenbedingungen klären: Ort, Zeitrahmen, Thema, etc.
- ➤ Informationen zu Problem, Ziel und Ressourcen sammeln

2. Ziel der Übung benennen
- ➤ Was ist das Ziel der Übung?

3. Evidenz
- ➤ Woran erkennst Du, daß die Übung ihr Ziel erreicht hat?

4. Wege zum Ziel sammeln
- ➤ Was gibt es für Möglichkeiten, um Menschen dieses Ziel zu vermitteln?
- ➤ Welche Möglichkeiten gibt es, die benötigten Ressourcen zu wecken?

5. Prozeß benennen
- ➤ Welcher Prozeß muß durchlaufen werden, um zu diesem Ziel zu kommen?
- ➤ Durch welchen Prozeß möchtest Du führen, um dieses Ziel zu erreichen?
- ➤ Welches sind die einzelnen Prozeßelemente?
- ➤ Woran erkennst Du, daß der Prozeß erfolgreich war?

6. **Methoden-Wahl**
   - ➤ Welche Methoden sind für die Person, das Ziel, die Rahmenbedingungen geeignet? (z.B. Bodenanker*, Metaphern, Phantasiereisen, Mind Map, usw.)

7. **Übungsverlauf festlegen**
   - ➤ Einleitungsphase: Wie wirst Du beginnen?
   - ➤ Prozeß-Phase: Wie teilst Du den Prozeß in einzelne Schritte auf?
   - ➤ Transfer-Phase: Wie wirst Du die Brücke in den Alltag schlagen?

8. **Übungsanleitung erarbeiten**
   - ➤ Sensorisch genaue Anweisungen
   - ➤ Logische Schrittfolge beachten

9. **Übung in allen drei Positionen überprüfen**
   - ➤ 1. Position (für den Coach): Kann ich genau anleiten?
   - ➤ 2. Position (für den Gecoachten): Kann ich die Anleitung ausführen?
   - ➤ 3. Position (für einen Beobachter): Paßt alles zusammen?

Dieses Übungs-Design beschreibt unsere Art und Weise, Übungen und Interventionen zu entwerfen. Sicherlich wird jeder seinen eigenen Stil entwickeln.

Der Entwurf ist nicht identisch mit der Durchführung einer Intervention. Der Entwurf beschreibt die Idee, eine Vorstellung, eine Zielrichtung, die im Augenblick der Durchführung immer wieder auf die gegenwärtige Situation angepaßt werden sollte. *Nicht die konsequente Durchführung der entworfenen Intervention, sondern die Reaktionen des Gecoachten und die eigene Intuition sollten handlungsleitend bei der Umsetzung sein.*

Übersicht möglicher Themen

1. Ziele und Visionen

a) *Problem:* Ziellosigkeit; Sinnverlust; Verhaftetsein; sich im Kreis drehen; nicht wissen, wofür etwas getan werden soll; überwiegendes Denken in Problemen; ununterbrochenes Analysieren; keine Idee, wo es im eigenen Leben hingehen soll.

---

* Bodenanker sind „magische" Orte, an denen man Gefühle und Erfahrungen wiederbeleben kann.

b) *Ziel:* Klarheit; ein motivierendes Ziel oder eine Vision; das leben, was man wirklich leben möchte; sich und seinem Leben einen Sinn geben; Orientierung und Lebensqualität.

c) *Ressourcen:* Entscheidungsfähigkeit; Klarheit; Flexibilität und Mut; Vertrauen, daß das, was ich mir vornehme, auch eine Chance hat, verwirklicht zu werden, erfahren und gelebt zu werden; der Blick nach „vorne", voller Kreativität und Einfallsreichtum; Themen finden, die persönlich berühren; Lust auf Lernen und Veränderung.

2. Motivation

a) *Problem:* Mangelnder Antrieb; „Es" nicht tun; wichtige Sachen oder Themen aufschieben; sich nicht trauen; negative Gedanken.

b) *Ziel:* Sich in Bewegung setzen; „Es" tun und machen; handeln und den nächsten Schritt gehen; Begeisterung entwickeln.

c) *Ressourcen:* Eigene Motive entdecken und nutzen; Kontakt zur Quelle; Handlungen einen persönlichen Sinn geben; eigene Metaprogramme kennen und nutzen; individuelle Werte leben; große und kleine Ziele.

3. Kreativität

a) *Problem:* Wenig Ideen; einfallslos; keine Lösung; nicht erfüllte Wünsche; Projekt läuft schlecht; immer im gleichen Rahmen denken; sich gedanklich im Kreis drehen.

b) *Ziel:* Zugang zur eigenen Kreativität; neue Sichtweisen entdecken; Handlungsalternativen finden; Wahlmöglichkeiten entstehen lassen.

c) *Ressourcen:* Vertrauen in die eigenen Fähigkeiten; den persönlichen kreativen Teil stärken, entdecken und entfalten; neue Perspektiven, neue Standpunkte einnehmen; der Phantasie Flügel wachsen lassen.

4. Entspannung und Gesundheit

a) *Problem:* Nervosität; Verspanntheit; Aufregung; Streß; sich von sich selbst entfernen; Unwohlsein; Niedergeschlagenheit; körperliche Beschwerden.

b) *Ziel:* Gleichgewicht; Zentriertheit; den eigenen Rhythmus leben; Wohlbefinden; Ruhe; Lebensqualität gewinnen; aus seiner Mitte heraus handeln.

c) *Ressourcen:* Körper, Geist und Seele verbinden; Wechsel von Spannung und Entspannung; sich seiner selbst bewußt sein; eigene Bedürfnisse wahrnehmen und ernstnehmen; Selbstwahrnehmung; bewußter Umgang mit Körper und Atmung und Denken und Fühlen; Zeit für sich selbst.

5. Kommunikation

a) *Problem:* Soziale Konflikte; Unstimmigkeiten; Mobbing; Streß mit den Kollegen oder im Umgang mit den Mitarbeitern.

b) *Ziel:* Funktionierende, tragfähige, vertrauenswürdige, lebendige Beziehung im Arbeitsbereich; Sicherheit und Vertrauen in die eigenen Kommunikationsfähigkeiten; Flexibilität und Authentizität.

c) *Ressourcen:* Erweiterung der Wahrnehmung; Entwicklung von Rapport; das Einnehmen unterschiedlicher Gesprächspositionen; Offenheit und Mitgefühl; Klarheit und Selbstbewußtsein.

6. Kongruenz

a) *Problem:* Innerer Konflikt zwischen Persönlichkeitsteilen oder Persönlichkeitsebenen; Gefühl von Zerrissenheit; sich verstellen müssen; nicht klar handeln können; innere Widersprüchlichkeit; Unzufriedenheit.

b) *Ziel:* Stimmigkeit; Echtheit; Kongruenz; innen und außen klar sein; Zugang zu den eigenen Stärken und Fähigkeiten; persönliche Bestleistung.

c) *Ressourcen:* Kontakt zu sich selbst; sich als ganz erfahren; Verbindung unterschiedlicher Ziele und Interessen; Vertrauen; Selbstakzeptanz; erkennen und annehmen; eigene Persönlichkeitsaspekte.

7. Zeit

a) *Problem:* Zeitnot und Zeitdruck; mangelnde Effektivität; Überarbeitung; Streß; Gefühl, daß das Leben einen überrollt; die wichtigen Termine drängeln sich auf der Wartebank.

b) *Ziel:* Eigenverantwortlicher und effektiver Umgang mit Zeit; realistische und gesunde Arbeitsbewältigung; Freude am Arbeitserfolg; Lebensqualität steigern.

c) *Ressourcen:* Prioritätensetzung; Wichtiges von Unwichtigem unterscheiden; innere Klarheit; Sensibilität für Qualität, für Zeitqualität entwickeln; bewußtes Denken und Handeln; sich selber wertschätzen; Muster verändern.

8. Gedächtnis

a) *Problem:* Vergeßlichkeit; fehlende Informationen; mehr Arbeit durch Einholen von Informationen; Unsicherheit durch mangelnde Informationen; Streß durch Denkblockaden; Gefühl von Überforderung durch Informationsaufnahme.

b) *Ziel:* Gedächtnisleistungen stärken; Erinnerungsfähigkeit erhöhen; wichtige Informationen leicht und kontextbezogen einprägen.

c) *Ressourcen:* Wahrnehmung verbessern; Informationen einen persönlichen Sinn geben; Neugierde; brennendes Interesse entwickeln; eigene Strategien verbessern; Offenheit, Kreativität, Phantasie.

9. Selbstentfaltung

a) *Problem:* Ängste; Blockaden; Erstarrung; Vermeidung von bestimmten Orten, Personen oder Situationen; Unwohlsein; festgefahrene Verhaltensmuster; verhaftet sein.

b) *Ziel:* Selbstsicherheit; In-Fluß-Sein; Wohlbefinden und viele Wahlmöglichkeiten haben; Gesundheit und Gelassenheit.

c) *Ressourcen:* Mit dissoziierten und assoziierten Zuständen spielen; Dinge oder Situationen neu bewerten; positive Absichten erkennen, würdigen und integrieren; Unzeitgemäßes verlernen und Aktuelles neu hinzulernen.

Im weiteren Verlauf dieses Kapitels finden sich einleitende Gedanken, Übungen und Phantasiereisen aus unserer Praxis, und im Übungs-Spectrum finden Sie Anregungen aus dem bekannten NLP-Pool.

Ziele und Visionen

Wegweiser

Einstimmung – Ziele und Visionen

Warum Ziele eine wichtige Rolle im Leben und vor allem im Berufsleben spielen, braucht man heute niemandem mehr zu erklären. Wir geben mit Zielen eine Ausrichtung, die den Wahrnehmungsfilter bildet, mit dem wir die wichtigen Faktoren, die auf dieses Ziel hinführen, erkennen. *„Wer nicht über die Zukunft nachdenkt, wird keine haben"*, sagt Galsworthy, und das bedeutet: Wer keine Ziele hat, wird irgendwo ankommen, muß sich dann allerdings fragen, ob es das Gewünschte ist, was er in seinem Leben erreichen wollte. Vielen Menschen fällt es schwer, sich Ziele zu setzen, weil es bedeutet, sich festzulegen und zu dem zu stehen, was man wirklich will. Das bedeutet, transparent zu werden, für Gelingen oder Mißlingen. So können andere Menschen wahrnehmen, ob man seine Ziele erreicht oder nicht erreicht und daß man sich selbst gegenüber Rechenschaft ablegen muß: Habe ich wirklich alles getan, um dort hinzukommen, wo ich hinwollte.

Zielorientierung bedeutet nach vorn sehen, bedeutet auf die Straße, die vor einem liegt, zu schauen und mit all seinen Sinnen genauestens wahrzunehmen, was es dort wahrzunehmen gibt. Schön zeigt die Metapher vom Autofahrer, daß beides wichtig ist: Selbstverständlich in einer kurvenreichen und unübersichtlichen Strecke nach vorn schauen und sich vergewissern, was ihn dort erwartet und genauso selbstverständlich einen Blick in den Rückspiegel werfen, um wahrzunehmen, ob es von hinten irgendwelche Überraschungen gibt, auf die er gefaßt sein sollte. Es würde niemand auf die Idee kommen, sich nur im Rückspiegel zu orientieren, um sicher einen Wagen zu lenken.

Im NLP bedeutet das, nicht nur nach vorn zu schauen und wahrzunehmen, wie das Ziel am besten zu erreichen ist, den genauen Weg zu kennen und die Straße zu beobachten, sondern sich mit einem Blick in die Vergangenheit darüber bewußt zu werden, was es dort noch an Blockaden, Behinderungen oder möglichen Überraschungen gibt, die bei der Fahrt auf dieses Ziel zu beachten sind. Den Blick in die Vergangenheit kurz und prägnant und so zu gestalten, daß die wichtigen Informationen da sind, um sich dann wieder nach vorn zu konzentrieren. Mit Zielen entsteht eine Bündelung von Energie, denn dahin, wo ich mein Bewußtsein lenke, dahin fließt meine Kraft. Und alles, dem ich meine Aufmerksamkeit schenke, hat die Tendenz, Wirklichkeit zu werden.

Nun könnte auf diese Art der Eindruck entstehen, daß Ziele eine Art Willensakt sind, daß man nur entsprechend formulieren muß, was man will, und dies willentlich herbeiführen kann, um glücklich zu sein. Das ist natürlich eine Illusion.

Das Leben sollte keine ununterbrochene Jagd nach neuen Zielen sein, sondern erst die Balance von Begeisterung und Muße schafft den Freiraum für ein erfolgreiches Leben.

NLP bietet eine sehr gelungene, sinnvolle und nützliche Überprüfung: Sind die Ziele, die ich mir stecke, wirklich gut für mich? Werden sie in mein eigenes Wertesystem und in mein jetziges Leben passen? Werden sie mich darin unterstützen, mich weiterzuentwickeln und werden sie im Sinne der Evolution sein?

Das, was im NLP als Ökologie-Check bekanntgeworden ist, ist eine Möglichkeit, zu überprüfen, ob wir gerade mit dem Kopf durch die Wand wollen und ein Ziel entworfen haben, das nicht in unser Leben, in unser soziales Umfeld, in unser Wertesystem paßt. Dies bedeutet nicht nur, die soziale Verträglichkeit mit Verwandtschaft, Lieben und Freunden, sondern auch die innere Verträglichkeit mit allen Persönlichkeitsanteilen zu gewährleisten.

Im NLP werden Ziele einerseits auf die ökologische Verträglichkeit, andererseits auch auf die Umsetzbarkeit in der Realität hin getestet. Das bedeutet, eine genaue, wohlgeformte Zieldefinition zu entwerfen, die nicht auf Wünschen, Wollen, Möchten abzielt oder mit Nichtformulierungen genau das Gegenteil kreiert von dem, was man gerne erschaffen möchte, sondern daß man Kriterien entwickelt, woran zu erkennen ist, daß man sein Ziel erreicht hat.

Ein reicher Kaufmann hatte viele Kamele, die seine Waren trugen und in Karavanen alle Reichtümer dieser Erde für ihn zusammenbrachten. Er hatte Diener, die ihm gehorchten, schöne Frauen, alles, was sein Herz begehrte. Eines Abends lud er einen Freund zu sich ein, und die ganze Nacht diskutierten die beiden über seine Nöte, seine Sorgen, über die Hektik seines Alltags, über seinen Beruf und alles, was ihn bedrückte. Er erzählte von seinem Reichtum überall auf der Welt, von allen Gütern, die er in fernen Ländern hatte, er zeigte auf die Ländereien und die Juwelen und seufzte: „Ich habe nur noch eine Reise vor. Nach dieser Reise werde ich mich dann zur Ruhe setzen. Nichts ersehne ich so wie diese Ruhe, diese Zeit des Genießens. Ich werde noch eine Reise nach China machen, um dort eine Ware hinzubringen, von der ich gehört habe, daß sie sehr wertvoll ist. Ich werde aus China wunderschöne Vasen mit nach Rom bringen und dann von Rom aus die Stoffe nach Indien fahren und von Indien aus den Stahl nach Haifa bringen. Von dort werde ich Spiegel und Glaswaren in den Jemen exportieren, und von dort werde ich Samt nach Persien einführen. Und wenn ich diese Reise vollendet habe, dann wird mein Leben der Ruhe gehören, der Besinnung und der Meditation. Dies ist das höchste Ziel meiner Gedanken."

Manchmal ist es wichtig zu erkennen, wann wir erfolgreich am Ziel angelangt sind, um dies entsprechend zu genießen.

Langfristige Ziele im Sinne einer Lebensaufgabe, im Sinne einer übergeordneten Vision sind die Energiegeber, die es uns ermöglichen, auch in Situationen, wo Blockaden oder Behinderungen auftreten, die nötige Kreativität, das Durchhalte-vermögen, die Beharrlichkeit und die Energie zu entwickeln, um weiter auf dem Weg zu bleiben.

Die Vision ist die Antwort auf die Frage: Was will ich in meinem Leben erschaffen, was will ich mit meiner Lebenszeit anfangen, was will ich am Ende meines Lebens erreicht haben, was ist mir wichtig?

Eine persönliche Vision ist die Antwort auf das, warum es sich gelohnt hat, jeden Tag aufzustehen, ist die Antwort darauf, wofür es sich lohnt, die gesamte Energie einzusetzen, wofür es sich lohnt, aktiv zu werden, schöpferisch und die persönliche Bestleistung zu erbringen. Dann heißt Erfolgreich-Sein erfolgreich Ich selbst Sein. Es geht dabei nicht immer darum, etwas Bleibendes zu schaffen, manchmal geht es darum, einen Gedanken in die Welt gesetzt zu haben, einen Eindruck oder eine Qualität in das Leben anderer oder in das eigene Leben gebracht zu haben. Das können ganz unterschiedliche Aufgaben und ganz unterschiedliche Vorstellungen sein, und es muß jeder seine eigene Idee finden: Was ist es, was Dich bewegt, was ist es, was Dich aktiv werden läßt, was ist es, wo Du glaubst, daß Du Deine Talente und Fähigkeiten und alles das, was Du leisten oder mit einbringen kannst, auch wirklich mit dazugeben kannst? In welche größere Vision paßt Dein Beitrag?

Coaching mit NLP bietet Begleitung auf dem Weg zum Entdecken und Umsetzen von Visionen.

Visionen sind Vorstellungen, die Menschen begeistern, die einen Sinn für die Arbeit und für berufliches Handeln geben. Sie entstehen aus unserer Schöpfungskraft und zeigen eine Chance auf für persönliche Erfüllung, für Lust, Freude und Spaß an der Arbeit.

Die im Coaching herausgearbeiteten persönlichen Visionen können überprüft werden auf ihre Lebbarkeit im beruflichen Umfeld. Ein Coach wird den Gecoachten nicht nur darin stärken, Visionen zu formen, sondern auch, diese anderen Menschen mitteilbar zu machen. Menschen, die andere begeistern und motivieren, ihre eigenen Visionen zu kreieren, können sie dazu einladen, an einem größeren, gemeinsamen Lebenszweck zu wachsen.

Visionsleitfaden

Form: Übung ▣   Phantasiereise ☐

Ziel:
Vision finden

Weitere Anwendungsmöglichkeiten:
Längerfristige Wünsche entdecken

Dauer:
30 Min.

Material:
Bodenanker

Anmerkung:
Für jeden Schritt kannst Du einen Bodenanker auslegen, so daß die Vorstellung und Erfahrung einer Treppe unterstützt wird.

Anleitung:

1. *Wunsch:* Nenne Deinen Wunsch oder Dein nächstes Ziel.

2. *Erfüllung vorstellen:* Tu so, als ob Du es vollständig erreicht hast (VAKOG [siehe Glossar]).

3. *Ergebnis nennen:* Was ist das Schönste, Beste, Wichtigste daran?

4. *Chunk up:* Stell Dir vor, daß Du das bereits einige Zeit in Deinem Leben hast, was wäre dann für Dich wichtig? Was ist Dein nächstes Ziel?

5. *Wiederholung:* Durchlaufe die Schritte 2., 3. und 4. mit dem jeweiligen nächsten Ziel.

6. *Vision:* Wann hast Du das Gefühl, daß Du Deine Vision gefunden hast? Wie fühlt es sich an, wenn Du Deine Vision lebst (VAKOG)?

7. *Zurückkommen:* Komm zurück in die Gegenwart. Nimm wahr, daß Du noch nicht da bist – Schade!

Entscheide Dich jetzt, womit Du beginnst.
Was wird Dich jeden Tag daran erinnern, was Du tun kannst, um Deine Vision zu erreichen und lebbar zu machen?

Positive Absicht

Form: Übung ☒ Phantasiereise ☐

Ziel:
Den positiven Aspekt eines Problems erkennen

Weitere Anwendungsmöglichkeiten:
Versöhnung mit problematischem Verhalten

Dauer:
40 Min.

Material:
Tagebuch

Anmerkung:
„Es gibt kein Problem, das nicht auch ein Geschenk für Dich in den Händen trüge. Du suchst Probleme, weil Du ihre Geschenke brauchst." – Richard Bach

Diese Übung beruht auf dem konsequenten Glauben der humanistischen Psychologie, daß Probleme und Schwierigkeiten immer einen positiven Anteil oder Aspekt bieten, um daran zu wachsen.

Anleitung:
1. Was ist das Problem? (in einem Satz formulieren)

2. a) In welchen Situationen   b) In welchen Situationen
      ist das Problem störend?   ist das Problem nützlich?

Formuliere in der „Ich"-Form, wie es bei Dir ist, wenn Du das Problem hast: „Ich werde mir vorstellen, daß ich dieses Problem auch habe und Dir zu diesen Fragen Angebote mache, die Du entweder annehmen kannst oder nicht."

Notiere alle genannten Vorschläge.

3. Positive Absicht des Problems
Wähle aus der Liste der nützlichen Aspekte die positive Absicht, die Du am leichtesten dadurch erkennst, daß sie Dich entweder berührt oder Dir peinlich ist.

4. Überlege, was an Deinem Problem für andere in Deiner Umgebung störend und nützlich ist. Möglicherweise gibt es Dir Hinweise, wer in Deiner Umgebung eine Veränderung unterstützen wird und wer eher nicht.

5. Ziele formulieren

Formuliere ein Ziel, wie Du die positive Absicht auf andere Art und Weise verwirklichen kannst und wie Du Deine Kollegen bitten kannst, Dich bei der Verwirklichung zu unterstützen.

Notizen

Wege zum Ziel

Form: Übung ☒   Phantasiereise ☐

Ziel:
Möglichkeiten finden, ein Ziel zu erreichen

Weitere Anwendungsmöglichkeiten:
Konkret werden, Ideenfindung, Future Pace

Dauer:
40 Min.

Material:
Bodenanker und Schreibzeug

Anmerkung:
Diese Übung ist in unseren Kreativitäts-Seminaren entstanden, um hochfliegenden Zielen Bodenständigkeit zu verleihen.

Für diese Übung benötigst Du ein Ziel. Dieses Ziel sollte möglichst genau formuliert sein. Vielleicht unterstützen Dich die nachfolgenden Fragen, um ein Zielbild entstehen zu lassen.

1. Wann, wo und mit wem möchtest Du das Ziel erreichen?
2. Wie siehst Du und die anderen aus, wenn Du Dein Ziel erreicht hast?
3. Wie hörst Du Dich an oder was sagst Du Dir innerlich?
4. Wenn Du dieses Zielbild siehst – lohnt es sich, dafür etwas zu tun?

Anleitung:
1. Du brauchst eine freie Fläche auf dem Boden. Nimm Dir zwei Blatt Papier und schreibe auf das eine Blatt „Heute". Lege es auf den Boden. Schreibe auf das zweite Blatt das Wort „Ziel" und lege es einige Meter von Deiner „Heute"- Position weg – je nachdem, wie weit Du das Erreichen des Zieles für Dich einschätzt.

2. Stell Dich auf das „Heute"-Blatt, das für Dich das Hier und Jetzt darstellt. Leider bist Du heute noch nicht am Ziel. Es gilt noch, die Spannung, die Entfernung vom Jetzt-Zustand zum Ziel-Zustand zu überwinden. Welche Schritte führen Dich zum Ziel? Beantworte für Dich folgende Frage: **„Was kannst Du ganz konkret als nächstes tun, um Dein Ziel zu erreichen?"**

3. Benenne eine Aktivität, die Dich als nächstes darin unterstützt, Dein Ziel zu erreichen und gehe dann einen Schritt in Richtung Ziel(-blatt).

Für die Teilziele kannst Du Bodenanker mit Stichworten auslegen, um später zu sehen, mit welchen Schritten Du Dein Ziel erreicht hast. Achte auch bei den Teilzielen darauf, daß sie den Kriterien für wohlgeformte Ziele entsprechen. Die Größe Deiner Schritte bestimmst Du. Sie sollten sich nach Deiner Einschätzung zum Gesamtziel richten.

4. Wenn Du Dein erstes Teilziel erreicht hast, kannst Du Dich wieder fragen: „Was kannst Du ganz konkret als nächstes tun, um Dein Ziel zu erreichen?"

Nenne den nächsten Schritt, gehe wieder auf Dein Ziel zu, lege einen Zettel für Dein Teilziel auf den Boden und stelle Dir die Frage solange, bis Du Dein Ziel erreicht hast.

5. Spüre, wie es sich anfühlt, wenn Du Dein Ziel erreicht hast. Was ist es genau, woran Du deutlich erkennen kannst, daß Du Dein Ziel erreicht hast? Was fühlt sich vielleicht neu und noch ungewohnt an? Wie kannst Du die neuen Qualitäten wahrnehmen?

6. Und dann dreh Dich um, und schau Dir die einzelnen Schritte an, die Dich zu Deinem Ziel gebracht haben. Wie hast Du die einzelnen Schritte bewältigt? Was ist Dir besonders leicht gefallen und welche Ressourcen haben Dich besonders unterstützt? Was war das erste, was Du getan hast, um diesen Prozeß zu beginnen? Wie kannst Du sicherstellen, daß Du diesen ersten Schritt in Deinem Alltag tust?

Notizen

Sumpf-Technik

Form: Übung ☒   Phantasiereise ☐

Ziel:
Einwände vorwegnehmen und Ressourcen mobilisieren

Weitere Anwendungsmöglichkeiten:
Realistische Einschätzungen entwickeln

Dauer:
40 Min.

Material:
Fünf Meter langer Faden und Bodenanker

Anmerkung:
Den 2. Teil dieser Übung kann man wunderbar in der Natur machen. Schön ist es, wenn man einen „Zielbalken" hat, das ist ein ca. 80 cm hoher Balken, auf dem man balancieren muß.

Anleitung:

1. Kurz und prägnant den *Ist-Zustand* beschreiben. Kurz und prägnant den *Soll-Zustand* beschreiben.

2. *Ist* zum *Soll* auf einer Zeitlinie mit einem Pfeil auftragen, von links nach rechts.

3. Unter dieser Linie einen Bogen ziehen, der den Sumpf darstellt. Hier werden all die Einwände eingetragen, die andere haben oder die innerlich dagegensprechen, dieses Ziel zu erreichen. Hier gehört Nörgeln hin, Pessimismus, Langeweile, aber auch massive Gegenstimmen oder Widerstände.

4. Nachdem hier alle Einwände gesammelt worden sind, wird oben über diese Linie eine Brücke geschlagen, und für jeden dieser Einwände wird auf der

Brücke eine Möglichkeit (Ressource) entwickelt, wie dieser Weg vom *Ist* zum *Soll* dennoch erreicht werden kann.

5. Lege einen Faden auf dem Boden aus, der Deinen Weg vom *Ist-* zum *Soll*-Zustand symbolisiert. Lege rechts Deine Ressourcen, links Deine Einwände aus.

6. Visiere Dein Ziel an, und wenn es Dich wirklich lockt, dann gehe Deine Gratwanderung zwischen Einwänden und Ressourcen zielstrebig auf Dein Ziel zu. Spüre, wie es sich anfühlt, angekommen zu sein.

Notizen

Visionen begegnen sich

Form: Übung ☒   Phantasiereise ☐

Ziel:
Persönliche Vision und Unternehmensvision angleichen

Weitere Anwendungsmöglichkeiten:
Klarheit, Bestandsaufnahme, Weiterentwicklungsbedarf ermitteln, Karriereplanung, Kongruenz

Dauer:
90 Min.

Material:
Verschiedene Textmarker, Papier

Anmerkung:
„Andere als Ziel und nicht als Mittel behandeln." – Dag Hammarskjöld

Anleitung:

1. Teile ein Blatt Papier waagerecht in sechs Spalten und trage von oben nach unten Vision, Identität, Glauben/Werte, Fähigkeiten, Verhalten, Umwelt ein.

2. Benenne Deine persönliche Vision und beschreibe sie möglichst präzise (VA-KOG) unter „Vision".

3. Nutze die logischen Ebenen, um genauere Informationen zur Umsetzbarkeit Deiner Vision zu erhalten. Beginne mit den Fragen zur Identität:
   ➤ Welche Identität unterstützt Deine Vision?
   ➤ Welche Glaubenssätze und Werte fördern das Erreichen Deiner Vision?
   ➤ Welche Fähigkeiten unterstützen Deine Vision?
   ➤ Welches Verhalten führt zur Umsetzung Deiner Vision?
   ➤ Wann, wo und mit wem verwirklichst Du Deine Vision?

4. Unterteile ein 2. Blatt Papier wie oben.

5. Was ist die Vision des Unternehmens, in dem Du arbeitest? Beschreibe sie möglichst genau unter Vision.

6. Nutze die Logischen Ebenen und beschreibe auf der Ebene der Identität:
   ➤ Welche Art von Mitarbeitern mit welchen Eigenschaften in diesem Unternehmen werden für die Umsetzung der Vision gebraucht?
   ➤ Welche Glaubenssätze und Werte sind tragende Elemente dieser Unternehmensvision?
   ➤ Welche Fähigkeiten werden benötigt und besonders gefördert?
   ➤ Welches Verhalten wird zur Realisierung führen?
   ➤ Wann und wo soll die Vision Wirklichkeit sein?

7. Lege beide Blätter nebeneinander, nimm einen Textmarker und markiere alle Aussagen, wo sich beide Visionen unterstützen und ergänzen.

8. Markiere mit einem anderen Marker die Aussagen, wo sich die Visionen unterscheiden und widersprechen.

9. Stell Dir vor, Du kannst die Resultate in zwei Waagschalen legen.
   Wie interpretierst Du das Ergebnis? Gibt es etwas, was Du tun kannst, um es für Dich positiv zu gestalten?

Notizen

Sinn-Suche

Form: Übung ☐   Phantasiereise ☒

Ziel:
Lebenssinn entdecken

Weitere Anwendungsmöglichkeiten:
Entspannung

Dauer:
20 Min.

Material:
Musik: Reiki II, The Light Touch Merlin's Magic

Anmerkung:

„Durch die Sinne Sinn finden, nicht suchen, sondern Sinn sein." – D. Steindl-Rast

Anleitung:

Setz Dich bequem hin, so daß Du für einige Augenblicke so sitzen bleiben kannst. Nimm wahr, was Du sehen kannst hinter Deinen geschlossenen Lidern, während Du meine Stimme hörst und die Schwerkraft Dich mit dem Boden verbindet und Du all den Geräuschen folgen kannst, die es hier im Raum jetzt gibt – all dies kann es Dir erleichtern, ganz zur Ruhe zu kommen. Und dann spür, wie Du jetzt dasitzt, wo Du überall den Boden berührst, wie meine Stimme Dich begleitet und die Musik Dir helfen kann – mehr und mehr nach innen zu kommen – mehr und mehr in einen entspannten Zustand zu gehen. Und wenn Du wahrnimmst, wie das Licht hinter Deinen geschlossenen Lidern ist und sich die Ruhe hier im Raum ausbreitet, während Du sicher auf dem Stuhl sitzt – dann kannst Du alle Gedanken gehen lassen und die Stille in Dir erleben und schon spüren, wie Deine Kreativität zu fließen beginnt. Und indem Du Deinen Atemrhythmus annimmst und spüren kannst, wie Dein Atem Dich schaukelt, kann dieses Fließen – dieses Loslassen mehr werden, und Du kannst Dich ganz nach innen konzentrieren. Während die Entspannung sich mehr und mehr in Dir ausbreitet, kannst Du Dir vorstellen, wie

Du Dich von Deinem Körpergefühl löst und in Deiner Phantasie nach oben zur Decke schwebst – wie Du Dich aus Deinem Körper löst und leicht und immer leichter wirst und von dort oben schaust, wie Du da auf dem Stuhl sitzt. Vielleicht ist damit eine Empfindung von Abstand verbunden oder ein Gefühl von Fremdheit oder Freiheit und Weite. Akzeptiere die ungewohnte Perspektive und bleibe neugierig, was Du von hier aus wahrnehmen kannst und was Du von hier aus anders siehst.

Suche Dir einen Platz, von dem aus Du einen guten Überblick über Dein Leben hast, und schau Dir an, welche Ereignisse wichtig sind, welche Menschen einen entscheidenden Anteil an Deinem Leben haben – ob es wichtig ist, wo Du bist und was Du machst. Achte auf alle Verwicklungen, Vernetzungen und Zusammenhänge und deren Auswirkungen. Du hast von hier aus die Möglichkeit, alles in neuem Licht zu sehen und Feinheiten zu erkennen, die Du sonst nicht bemerkst. Von hier aus wird alles klarer und einfacher.

Laß dieses Gefühl von großer Klarheit noch intensiver werden, so intensiv, wie Du es von ganz besonderen Träumen her kennst – Du kannst Dir ohne weiteres vorstellen, daß dies alles ein Traum ist, den Du träumst, um Dir eine wichtige Mitteilung zu machen – was ist der Sinn in diesem Traum – was ist die Idee zu einem solchen Leben – welches ist die Chance zur Weiterentwicklung, die in diesem Traum steckt – welche Botschaft kannst Du hier entschlüsseln. Und auch, wenn Du es nicht sofort klar interpretieren kannst, so kannst Du doch wissen, daß dieser Traum einen Sinn hat. Laß Dich überraschen, was Dir dazu einfällt und nimm diese Antworten als ein Geschenk Deines Unbewußten mit zurück in Deinen Körper. Komm zurück mit Deiner Aufmerksamkeit in die Gegenwart, zurück in Deinen Körper und in diesen Raum und spüre, wie Du auf dem Stuhl sitzt. Du kannst Dich nun ein wenig recken und strecken, um ganz wach und ausgeruht all das aufzuschreiben, was Du gerade eben geträumt hast.

Übungs-Spectrum

- Ziele und Visionen -

- ➤ Visionsleitfaden
- ➤ Positive Absicht
- ➤ Wege zum Ziel
- ➤ Sumpf-Technik
- ➤ Visionen begegnen sich
- ➤ Sinn-Suche
- ➤ Problemliste (1)[*]
- ➤ Vom Problem zum Ziel (1)
- ➤ Zielrahmen (1)
- ➤ Visionssuche (1)
- ➤ Herzenswunsch (1)
- ➤ Zielspaziergang (1)
- ➤ Lebensauftrag (1)
- ➤ Baumzeremonie (1)
- ➤ Dein Ziel erreichen (2)
- ➤ Zielbalken (3)
- ➤ Vom Problem zum Wunsch (3)
- ➤ Schritte zum Ziel (3)

---

[*]   Es handelt sich hierbei um Hinweise auf Übungen in anderen Büchern – siehe dazu im Anhang Seite 257.

- Visionstreppe (3)
- Visionsbild malen (3)
- Schild bauen (3)
- Genaue Problem- und Zielbestimmung (4)
- Penetrance nach Thies Stahl (4)
- Ziele erreichen (4)
- Visionen entwickeln (4)

Hausaufgaben:

- Klarträumen – vor dem Einschlafen eine Frage stellen oder um die Lösung eines Problems bitten
- Modelle finden – nach Personen Ausschau halten, die bereits verwirklicht haben, was Du erreichen willst
- Modellieren – s. Glossar
- Ziele für alle Bereiche entwerfen – Beruf, Beziehungen, Partnerschaft, Selbst

Motivation

Wegweiser

Einstimmung – Motivation

Ein König beschloß, zu Ehren seines Gottes einen Tempel bauen zu lassen. Während der Bauarbeiten an diesem Tempel wurden drei unterschiedliche Bauarbeiter zu ihrem Tun befragt. Der eine schlug gerade die großen Steine für die Außenmauern. „Was machst du da?"- „Ich haue Steine." Ein anderer schälte gerade eine wunderschöne runde Säule aus dem Stein heraus. „Was machst du da?" – „Ich verdiene Geld für meine Familie." Der dritte meißelte ein wunderschönes Ornament. „Was machst du da?" – „Ich baue einen Tempel."

Motivation ist die Kraft, die Menschen in Bewegung setzt, um etwas zu tun, zu bekommen oder zu erreichen. Diese Kraft macht uns aktiv, indem sie bereits vor einer Tätigkeit da ist, manchmal entsteht sie erst beim Handeln.

Die Motivationspsychologie hat sich sehr intensiv damit auseinandergesetzt, was Menschen bewegt.

Zahlreiche Autoren haben schon versucht, menschliche Bedürfnisse und Motive zu klassifizieren. Bekannt ist die Klassifikation in Anlehnung an A. Maslow, der in Grundbedürfnisse, Sicherheitsbedürfnisse, soziale Bedürfnisse, Statusbedürfnisse und Selbstverwirklichung unterteilt.

kreatives Denken, eigene Ideen,
Zufriedensein, Weiterentwicklung

Achtung, Wertschätzung,
Karriere, Prestige

Zugehörigkeit, Anerkennung,
Neugierde

Geborgenheit, Obdach,
Bedürfnis nach Ordnung

Hunger, Durst,
Wärme, Schlaf

Nur wenn die Basis befriedigt ist, kann man sich der nächsten Ebene widmen.

Beim Coaching-Prozeß geht es nicht um Klassifikation, sondern darum, herauszu-finden, was dem Gecoachten in seinem Leben und speziell im Arbeitsbereich wichtig ist, was ihn motiviert und was er glaubt, wofür es sich lohnt, etwas zu tun.

Motivation ist eine gedankliche Konstruktion. Wir können sie nicht direkt wahr-nehmen, und es gibt keinen Gegenstand oder ein Organ wie zum Beispiel einen „Motivationsmuskel", der bei dem einen stärker und bei dem anderen schwächer trainiert und ausgeprägt ist. Die Motivationspsychologie versucht Gründe zu finden, warum jemand handelt. Heutzutage macht man weder die Triebe und Instinkte einer Person allein noch den Reiz in der Umwelt verantwortlich, sondern untersucht die Wechselbeziehung zwischen dem Menschen und einer bestimmten Situation. Motivation ist ein innerer Prozeß, der von äußeren Umständen angeregt worden sein kann. Der eigentliche Impuls, uns in Bewegung zu setzen, entsteht von innen. Wenn wir mit Hilfe dieses inneren Impulses Veränderungen in unserem Leben bewirken, dann bewegen wir uns entweder von etwas Unangenehmem weg oder aber auf etwas Angenehmes zu und wollen damit eine neue Qualität in unserem Leben erreichen.

Nach einer Informationssammlung kann sich herausstellen, daß der Gecoachte sehr viel über sein Problem weiß, ein Ziel hat und Ideen zur Lösung entwickelt hat und dennoch nicht handelt. In solchen Fällen ist es nützlich, wenn der Coach weiß, was Menschen in Bewegung setzt und aktiviert.

Der Coach weiß, daß er den Gecoachten nicht direkt in Bewegung setzen kann, ihn nicht direkt motivieren kann, sondern daß er ihm die Knöpfe und Hebel bewußt machen kann, die seinen Motor in Bewegung setzen.

Natürlich gibt es Umwelteinflüsse, z.B. die Stimmung in der Organisation oder im Team, die Arbeitsplatzbedingungen, die Bezahlung, die Arbeitszeit und Arbeitsan-forderungen, die uns „motivieren", eine Tätigkeit gerne, mit Erfüllung und Freude oder mit Unlust auszuführen. Wir sollten uns jedoch darüber bewußt sein, daß es unsere Bewertungsmaßstäbe, unsere Vorstellungen, unsere Werte sind, die in uns ein Gefühl von Motivation oder Demotivation hervorrufen und daß wir es sind, die etwas verändern können.

Wir entscheiden, ob wir attraktivere und anziehendere Umweltbedingungen schaf-fen oder Umgehensweisen entwickeln, um mit den Konsequenzen zu leben oder in einen anderen Arbeitsbereich zu wechseln, der uns andere Bedingungen bietet.

Motivation hängt eng mit den persönlichen Werten zusammen. Im Laufe seines Lebens hat jeder Mensch Vorlieben und Vorstellungen von dem entwickelt, was ihm in seinem Leben besonders wichtig ist. Für den einen ist im Beruf wichtig,

Anerkennung zu erhalten, für den anderen, Probleme selbständig zu lösen, und für den dritten, Raum für die eigene Kreativität zu haben. Wenn die persönlichen Werte im Arbeitsalltag erlebt werden, ist Zufriedenheit da. Sind die Werte nicht lebbar, ist man unzufrieden. Es gibt Faktoren wie Unternehmensrichtlinien, Führungsstil, persönliche Beziehungen am Arbeitsplatz, Arbeitsbedingungen, Lohn, Status innerhalb der Firma, die das Leben von Werten fördern oder behindern können.

Der Coach kann keine Unternehmensphilosophie verändern oder die Firma auswechseln, er kann Veränderungen begleiten, anregen und initiieren, indem er die nötigen Informationen sammelt, bewußt werden läßt und Ressourcen benennt, die unterstützen können und Ziele mit dem Gecoachten so attraktiv formuliert und visualisiert, daß der Gecoachte auf die Veränderungen Lust hat. Handeln in Richtung auf das Ziel und die Veränderungen durchführen muß der Gecoachte allein.

Das Motiv liegt auf der Seite des anderen. Der Coach braucht den Gecoachten nicht zu überreden, warum er einen Entwicklungsprozeß anfangen oder ein Projekt beginnen sollte. Er kann aus seiner Sicht Vorschläge machen und Anregungen geben, warum es sich lohnt, etwas zu tun. Diese Vorschläge können nur Zufallstreffer sein. Der sichere Weg der Motivation ist der, herauszufinden, was den Gecoachten selbst aktiviert.

Wie kann man nun herausfinden, was andere Menschen motiviert? Indem Du Beziehung herstellst, Fragen stellst, zuhörst und genau beobachtest. Aber was ist konkret zu beobachten und was herauszuhören?

Wichtige Informationen für den Motivationsprozeß sind

1. Die Ziele des anderen,
2. die Strategien,
3. die Werte,
4. die Metaprogramme,
5. die Visionen,
6. die Vorstellung von Lebensaufgabe und Lebenssinn.

Wenn Du Dich als Coach motivieren möchtest, dann kannst Du *Deine* Ziele, *Deine* Strategien, *Deine* Werte, *Deine* Metaprogramme, *Deine* Vision und *Deine* Lebensaufgabe nutzen.

Wenn Du als Coach einen anderen Menschen darin unterstützen möchtest, sich zu motivieren, dann ist es vorteilhaft, *seine* Ziele, *seine* Strategien, *seine* Werte, *seine* Metaprogramme, *seine* Vision und *seine* Lebensaufgabe herauszuhören und zu kennen.

„Handeln ist, von außen betrachtet, in physische Bewegung gebrachtes Denken." – Jane Roberts

Antrieb stärken

Form: Übung ☒   Phantasiereise ☐

Ziel:
Sich für wichtige Ziele motivieren

Weitere Anwendungsmöglichkeiten:
Routine einführen, wie z.B. regelmäßige Körperübungen, gesunde Ernährung, usw.

Dauer:
30 Min.

Material:
Schreibzeug

Anmerkung:
Wenn Du für dieses Neue in Deinem Leben noch keinen Zielrahmen gemacht hast, dann finde jetzt heraus, ob es mit allen Konsequenzen in Dein Leben paßt. Wenn nicht, erarbeite einen Zielrahmen. Manchmal ist es ganz gut, daß wir uns nicht motivieren können, da wir mit den Konsequenzen nicht umgehen könnten. Wenn sich z.B. jemand für ununterbrochen 16 Stunden Arbeit motivieren möchte, jedoch damit sicherstellt, daß er seine Familie und Freunde verlieren wird, dann ist es gut, daß es nur ein Wunsch bleibt.

Anleitung:

1. Benenne etwas, wozu Du Dich motivieren möchtest, denke an diese Situation und finde die wesentlichen Submodalitäten heraus.
   Visuell: Ort, Helligkeit, Farbe, Bewegung, Größe, Klarheit, dissoziiert oder assoziiert
   Auditiv: Lautstärke, Entfernung, Tonhöhe, Tempo, Richtung
   Kinästhetisch: Intensität, Bewegung, Temperatur, Ort, Druck, Dauer

2. Finde eine Tätigkeit, von der Du weißt, daß Du sie ganz bestimmt gern tun wirst. Denke an diese Situation und finde die entscheidenden Submodalitäten heraus. (Zukünftige Routine)

3. Vergleiche die Submodalitäten und merke Dir die wesentlichen Unterschiede.

4. Denke an die Situation, für die Du Dich motivieren möchtest, und verändere alle Submodalitäten dahingehend, daß sie den in Punkt 2 gefundenen Kriterien entsprechen.

5. Stelle auf Deine Art sicher, daß die Submodalitäten und der Ort so neu erhalten bleiben, und erlebe das Gefühl der Motivation.

6. Denke an Deine Zukunft und die Situation, für die Du Dich jetzt motiviert hast, und finde eine Möglichkeit in der Situation selbst, das Gefühl von Motivation wiederherzustellen.

Notizen

Erfolg als Motivator

Form: Übung ☒   Phantasiereise ☐

Ziel:
Klarheit über Erfolgsbewertung und Werte, die den persönlichen Erfolg motivieren; Herausfinden der eigenen Erfolgs-Definition

Weitere Anwendungsmöglichkeiten:
Standortbestimmung, Werte-Hierarchie, Vorbereitung für Vorträge und Gespräche

Dauer:
45 Min.

Material:
Mindestens 5 verschiedene Farbstifte, Papier

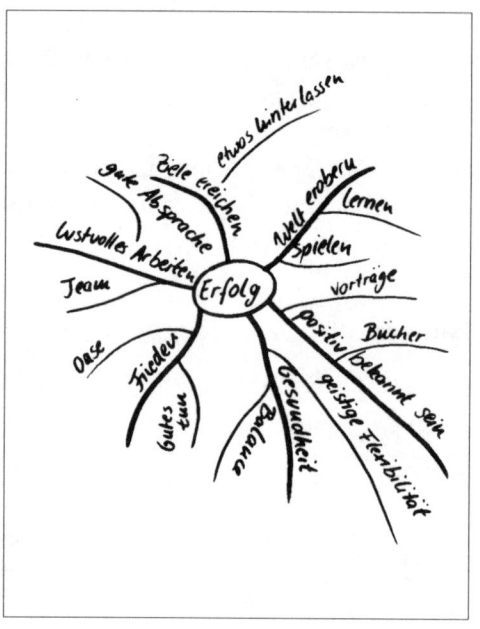

Anmerkung:

Normalerweise wird bei Mind Mapping die Vielfarbigkeit dazu genutzt, unterschiedliche Themenschwerpunkte zu markieren oder die Unterteilung in Haupt- und Nebenäste farblich abzuheben. In dieser Übung ist darauf zu achten, daß geübte Mind Mapper für *jede Übungsphase* eine unterschiedliche Farbe nutzen.

Die Idee für diese Übung stammt aus einem Seminar mit Klaus Marwitz.

Beschreibung:

1. Nimm Dir ein Blatt Papier und wähle einen Stift in Deiner Farbe. Erstelle als erstes ein Mind Map mit 8–10 Hauptästen zu dem Thema: *Was bedeutet Erfolg für mich?* Schreibe stichwortartig die Begriffe auf, die Dir jetzt unmittelbar als Antwort zu dieser Frage einfallen.

2. Als nächstes machen wir eine mentale Übung, in der Deine Vorstellungskraft und Phantasie Dich unterstützen kann.

➤ Nimm Dir als erstes einen neuen Farbstift. Stell Dir vor, daß Du mit einem neugierigen 75jährigen erfolgreichen ehemaligen Vorstandsmitglied einer großen Firma zusammensitzt und ihm erzählst, was Erfolg für Dich bedeutet.

Wie fängst Du das Gespräch an? Welche Worte wählst Du? Was gehört für Dich im Verlauf dieses Gespräches dazu? Welche Themen sind Dir besonders wichtig? Welchen Schwerpunkt wählst Du? Was willst Du diesem „alten Hasen" erzählen, was für Dich Erfolg bedeutet? Was ist Dir in diesem Gespräch besonders wichtig, es hervorzuheben?

Nachdem dieses Gespräch in Deiner Phantasie stattgefunden hat, kannst Du Dein Mind Map mit den Begriffen ergänzen, die sich im Verlauf dieser Situation neu gebildet haben. Ergänze die neuen Themen auf Deinem Mind Map als neue Hauptäste oder als Unteräste mit der neuen Farbe.

➤ Für den nächsten Schritt benötigst Du wieder einen neuen Stift in einer anderen Farbe. Stell Dir jetzt vor, daß Du mit einem wissensdurstigen 10jährigen Mädchen zusammen bist.

Welche Schwerpunkte wählst Du hier? Mit welchen Worten erzählst Du, was für Dich Erfolg ist? Welche Formulierungen und welche Begriffe sind Dir besonders wichtig?

Ergänze Dein Mind Map wieder um die Stichworte, die neu hinzukommen oder markiere die Worte, die immer wieder auftauchen.

➤ Nimm Dir wieder eine neue Farbe. Stell Dir nun vor, daß Du als Redner zu einem Vortrag geladen bist mit dem Thema: „Was ist Erfolg?" Du hast Dich vorbereitet und nimmst nun Dein Mind Map mit und fühlst Dich ausreichend auf die zu erwartende Zielgruppe eingestimmt. Am Veranstaltungsort merkst Du, daß das Thema Erfolg scheinbar ein Publikumsrenner ist. Statt der erwarteten 20 Teilnehmer drängen sich ca. 200 Menschen in dem glücklicherweise großen Veranstaltungsraum.

Es herrscht eine neugierig und aufgeregt erwartungsvolle Atmosphäre. Du kannst an dem Gemurmel der Stimmen erkennen, daß die Kommunikation bereits in Fluß ist. Neugierig gespannte Gesichter wenden sich Dir zu, als Du an das Podium trittst. Die Beleuchtung ist angenehm, die Akustik in dem Raum exzellent und wenn Du magst, kannst Du es Dir auf einem hohen Sitzhocker bequem machen, einen Schluck Wasser trinken und Deinen Vortrag beginnen.

Laß Dich überraschen, was Du in Deinem Vortrag besonders hervorhebst, was Deine Botschaft ist, Deine Aussage. Welche Aspekte von Erfolg sind Dir besonders wichtig?

Ergänze Dein Mind Map wieder um die neuen Stichworte oder markiere bereits genannte Bereiche, die sich wiederholen.

3. Wähle nun auf Deinem recht farbenfrohen Mind Map fünf Begriffe aus, die Dir zum Thema Erfolg besonders wichtig erscheinen, und markiere sie mit wiederum einer neuen Farbe.

Schreibe diese fünf Begriffe auf einen neuen Bogen Papier (linear), so daß Du unter oder neben dem Begriff Notizen machen kannst. Formuliere zu jedem der Begriffe einen aussagekräftigen Satz in bezug auf Erfolg.

Du hast jetzt fünf Sätze, die Dir zum Thema Erfolg besonders wichtig sind, die Du nun zu einer Hauptaussage verdichten kannst.

Notizen

Was bringt Dir das?

Form: Übung ☒   Phantasiereise ☐

Ziel:
Unattraktive Tätigkeiten attraktiver machen, Eigenmotivation

Weitere Anwendungsmöglichkeiten:
Klarheit über eigene Motivation, Motivationsschleifen

Dauer:
30 Min.

Material:
Schreibzeug

Anmerkung:
„Was dem Leben Wert gibt, kannst Du erreichen – und verlieren. Doch nie besitzen."
– Dag Hammarskjöld

Anleitung:
1. Nimm Dein Mind Map „Was ist Erfolg für mich?" und umrande die fünf wichtigsten Werte.

2. Nimm den 1. Begriff und stell Dir die Frage: Was bringt mir das?

3. Notiere Dir die Antwort und frage Dich in bezug auf die Antwort: Was bringt mir das?

4. Notiere Deine Antwortkette, indem Du immer konsequent weiterfragst und die Antworten festhältst. Beende diese Kette, wenn Du bemerkst, daß sich die Antworten wiederholen oder einen Kreis bilden.

5. Verfahre so mit allen von Dir gewählten Begriffen und auch weiteren, wenn sie Dir interessant erscheinen.

6. Werte Deine Antwortketten aus und laß Dich überraschen, was Deine Motivationsschleifen sind. Nimm wahr, wie sich Deine Motivationsschleife mit allen

Sinnen repräsentiert. Finde heraus, welche Bewegung, Gestik, Mimik oder welcher Atemrhythmus ganz natürlich dieses intensive Erlebnis unterstützen.

7. Wähle eine Handlung, für die Du Dich motivieren möchtest (Öko-Check) und kopple diese Tätigkeit mit Deinem Motivationskreislauf, indem Du Dir die Fragen stellst:

➤ Warum bringt Dich das Erfüllen dieser Tätigkeit Deiner Motivationsschleife näher?
➤ Warum entfernst Du Dich durch das Unterlassen dieser Tätigkeit von Deinen wichtigen Werten?

Nimm wahr, welche Gefühle Deine Antworten begleiten.

8. Stelle Dir eine zukünftige Situation vor, in der Du Dich motivieren möchtest und laß Dir eine Idee kommen, wie Du sicherstellen kannst, daß Du in dieser Situation Bewegung, Gestik, Mimik, Atemrhythmus aus der Motivationsschleife einsetzt.

Notizen

Ich tu es

Form: Übung ☒   Phantasiereise ☐

Ziel:
Anker für Losgehen und Handeln installieren

Weitere Anwendungsmöglichkeiten:
Ressource-Anker, Ressourcen verstärken und abrufbar machen

Dauer:
20 Min.

Material:
–

Anmerkung:

Vor dieser Übung sollte das Ziel auf jeden Fall auf seine Verträglichkeit für das Leben des Gecoachten abgeklärt sein.

Um sich in diese erinnerten Situationen vollständig zurückzuversetzen, ist es sinnvoll, alle erinnerten Sinneseindrücke abzurufen (VAKOG).

Anleitung:

1. Finde ein Ziel, das Du in jedem Fall erreichen willst.

2. Benenne den Wunsch und ankere dieses Gefühl (VAKOG) durch einen leichten Druck mit Deinem rechten Daumen in Deine linke Armbeuge.

3. Erinnere Dich an eine Situation, in der Du nicht sicher warst, aber „Lust auf" etwas hattest (VAKOG). Ankere diese Situation mit Deinem Daumen in der Mitte Deines Unterarmes.

4. Erinnere Dich an eine Situation (VAKOG), wo Du etwas ohne zu zögern getan hast, z.B. einen 100 Mark-Schein aufheben, den Du auf der Straße gefunden hast, und ankere dieses Erlebnis mit Deinem rechten Daumen an Deinem linken Handgelenk.

5. Denke ganz intensiv an Deinen Wunsch und löse Deinen Anker aus, indem Du Dich in der Armbeuge berührst. Führe dann Deinen Daumen Deinen Unterarm hinunter, bis Du den Anker für „Lust auf" berührst und ihn damit auslöst, um dann den Daumen weiter hinunterzuführen, bis zu der Stelle, wo Du den Anker für sicheres und selbstverständliches Handeln gesetzt hast. Separator.

6. Diesen Ablauf dreimal wiederholen.

7. Testen, indem Du an den Wunsch denkst. Die Lust und dann die Gewißheit, daß Du es tun wirst, wird dann von allein durchlaufen werden.

Notizen

Einladung zum Handeln

Form: Übung ☒   Phantasiereise ☐

Ziel:
Eigene Sortiermuster kennenlernen und für die Motivation nutzen

Weitere Anwendungsmöglichkeiten:
Kommunikation und Fremdmotivation

Dauer:
90 Min.

Material:
Aufnahmegerät, Kassette, Schreibzeug

Anmerkung:

Meta-Programme sind Wahrnehmungsfilter, mit deren Hilfe wir die Informationen aufnehmen, die für uns persönlich wichtig sind. Gleichzeitig bieten sie uns ein internes Sortiermuster, in das wir neugewonnene Informationen einordnen. Sie sortieren nach der Form, nicht nach dem Inhalt einer Information. Meta-Programme sind die „Software", die internalen Programme unseres Gehirns.

Mit Hilfe der Meta-Programme kannst Du leichter und erfolgreicher kommunizieren und Dich selbst und andere Menschen motivieren.

Anleitung:

1. Erzähle etwas über Deine Arbeit und Deinen Aufgabenbereich, was Dich dabei bewegt oder was Dir generell in Deinem Leben wichtig ist. (Nimm diese Aussagen auf Tonband auf.)

2. Werte dieses Tonband anschließend mit Deinem Coach gemeinsam im Hinblick auf die Meta-Programme aus.

Einige grundlegende Meta-Programme (Sorting Styles):

➤ *Antrieb:* **hin zu – weg von**

Beispiel: *„Ich möchte in meiner Firma Karriere machen."*
   „Ich möchte nicht arbeitslos werden."

➤ *Bezugsinformation:* **innen – außen**

Beispiel: *„Mein Chef sagt, daß ich es kann."*
   „Ich finde, daß ich dieses Projekt gut mache."

➤ *Beziehung:* **für mich – für andere – für uns**

Beispiel: *„Wichtig ist, daß es mir dabei gut geht."*
   „Hauptsache, den anderen geht es gut."
   „Es muß für uns alle in Ordnung sein."

➤ *Zeitorientierung:* **Vergangenheit – Gegenwart – Zukunft**

Beispiel: *„Ich kenne das von früher."*
   „Was können wir jetzt damit machen?"
   „In der Zukunft werden wir das zu nutzen wissen."

➤ *Aufmerksamkeit:* **Menschen, Orte, Dinge, Zeit, Informationen, Aktivitäten**

Beispiel: *„Ich finde meine Kollegen in der Firma wirklich nett."*
   „Ich bin leider schon wieder versetzt worden."
   „Schau mal, was wir für eine neue Anlage haben."
   „Am Morgen war ich müde, erst zwei Stunden später war ich wach."
   „Und dann haben wir uns den neuesten Klatsch angehört."
   „Wir waren richtig fleißig: Erst Bücher lesen, dann Konzepte schreiben."

➤ *Verarbeitung:* **spezifisch – allgemein**

Beispiel: *„Da ist noch ein kleiner Fehler."*
   „Im großen und ganzen ist der Bericht doch ok."

ähnlich – verschieden

Beispiel: *„Der sieht doch so aus wie ..."*
   „Der hat etwas ganz anderes an sich, wie ..."

vollständig – unvollständig

Beispiel: „*Es gab gute Musik, es waren nette Kollegen da, und ein tolles Essen gab es auch.*"
„*Das Fest war schön, es fehlte jedoch ...*"

aktiv – passiv

Beispiel: „*Ich muß in dieser Angelegenheit etwas unternehmen.*"
„*Wir können nur abwarten und Tee trinken.*"

3. Sichert diese Ergebnisse durch ein Interview mit den Fragen zu den einzelnen Metaprogrammen ab.

➤ *Antrieb:* hin zu – weg von

Fragen: „*Ist es wichtiger, x zu erreichen oder y zu vermeiden?*"
„*Zieht es Dich an oder treibt es Dich fort?*

➤ *Bezugsinformation:* innen – außen

Fragen: „*Woher wissen Sie, daß Sie es gut können?*"
„*Verläßt Du Dich auf Dein inneres Urteil oder auf das, was andere Dir sagen?*"

➤ *Beziehung:* für mich – für andere – für uns

Fragen: „*Für wen möchtest Du das?*"
„*Wer soll es erleben?*"

➤ *Zeitorientierung:* Vergangenheit, Gegenwart, Zukunft

Fragen: „*Wann soll es stattfinden?*"
„*Woher kommt Deine Vorstellung?*"

➤ *Aufmerksamkeit:* Menschen, Orte, Dinge, Zeit, Informationen, Aktivitäten

Fragen: „*Was ist Dir dabei am wichtigsten?*"
„*Worauf achtest Du dann am meisten?*"

➤ *Verarbeitung:* spezifisch – allgemein

Frage: „*Nimmst Du das im Detail oder als Ganzes wahr?*"

ähnlich – verschieden

Frage: *„Erkennst Du Unterschiede oder Ähnlichkeiten?"*

vollständig – unvollständig

Frage: *„Nimmst Du eher wahr, was da ist, oder das, was fehlt?"*

aktiv – passiv

Frage: *„Wirst Du aktiv oder läßt Du es auf Dich zukommen?"*

4. Tu so, als ob dies eine Information über eine fremde Person sein würde und entwirf eine Einladung zu einer anstehenden Arbeit oder Aufgabe mit allen Informationen aus den Meta-Programmen und Werten, so daß der Adressat hochmotiviert ist, an dieser Aufgabe teilzunehmen.

Achte darauf, daß Du in Zukunft alle Deine Meta-Programme beachtest, wenn Du Dich motivieren möchtest.

Notizen

Short Cut

Form: Übung ☐   Phantasiereise ⊠

Ziel:
Druck *und* Freude als Motivator nutzen

Weitere Anwendungsmöglichkeiten:
Visionen entwickeln

Dauer:
30 Min.

Material:
Musik: El Hadra, Sufi-Meditation des Herzens

Anmerkung:

Vorab solltest Du ein Ziel entworfen haben und den Zielrahmen durchlaufen, um alle wichtigen Punkte abzuklären und einen Ökologie-Check gemacht haben, damit sichergestellt ist, daß das Erreichen dieses Zieles in Dein Leben paßt. Wähle eine Situation, von der Du weißt, daß Du sie ganz sicher erreichen möchtest, in der Du aber bisher gezögert hast, zu beginnen und dieses Ziel zu verwirklichen.

Anleitung:

Mach es Dir auf Deinem Stuhl ganz bequem, so bequem, daß Du für die nächsten 15 Minuten so sitzen bleiben kannst. Das bedeutet, daß Du Dich entweder so aufrecht hinsetzt, daß Deine Wirbelsäule ganz gerade ist, Du Kontakt mit beiden Füßen zum Boden hast und Du die Arme auf die Seitenlehne legst oder locker auf die Oberschenkel oder indem Du Deine Beine ausstreckst. Wähle für Dich eine Position, die Dir jetzt angenehm ist, um ganz zu Dir zu kommen – ganz zur Ruhe zu kommen. Nimm wahr, was um Dich herum alles zu sehen ist, bevor Du für einen Augenblick die Augen schließt. Spüre, wie Du auf dem Stuhl sitzt und was Du noch verändern kannst, damit Du es jetzt wirklich bequem hast. Du hast die Wahl, jetzt und die gesamte Zeit, alles zu tun, was für Dich wichtig ist – was für

Dich richtig ist – daß es für Dich stimmt. Du kannst entscheiden, wieweit Du meiner Stimme folgen magst und den Assoziationen, die sie bei Dir weckt – oder ob Du Deinen eigenen Gedanken nachhängen magst, die Dir den Weg zeigen, wie Du Dich motivieren kannst, den ersten Schritt zu tun. Nimm Deinen Atemrhythmus wahr und laß Dich von Deinem Atem schaukeln, indem Du das Einatmen und das Ausatmen ganz von allein geschehen läßt, Deinem eigenen Rhythmus lauschst und nachspüren kannst, wie sich die Entspannung mehr und mehr in Dir ausbreitet.

Während das von ganz allein weiter geschehen kann, erinnere Dich jetzt an das, was Du in Deinem Leben gerne erreichen möchtest. Nimm wahr, wie sich dieser Wunsch für Dich anfühlt, was für Dich wichtig ist, was Dich berührt oder bewegt. Und dann stell Dir vor, was in Deinem Leben passieren wird, wenn Du das jetzt nicht veränderst, wenn Du alles so beläßt, wie es ist, wenn Du dieses Ziel nicht realisierst in Deinem Leben. Wie wird sich das für Dich auswirken – auf Dein Selbstwertgefühl – auf das, was Du von Dir denkst – auf Deine Partnerschaft – Deinen Beruf – Deinen Erfolg – Deine Finanzen – Deine Gesundheit – Deine Vitalität und Energie – auf Deine Vorstellung von Lebenssinn und Lebensqualität? Welche Auswirkungen wird es auf all diese Bereiche haben, wenn Du Dein Ziel nicht realisierst? Laß einen Tonfilm entstehen mit allem, was dazugehört.

Dann stell Dir vor, daß es bereits ein Jahr später ist und Du bereits ein Jahr dieses Ziel nicht realisiert hast. Was wird es für Auswirkungen haben, daß Du dies nicht getan hast? Nimm alles wahr, was dazugehört, was Du sehen kannst, wie Du aussiehst, wie Du Dich bewegst, was Du hören kannst, was Du sagst innerlich und wie sich Deine Stimme anhört und wie Du Dich dabei fühlst.

Und dann laß die Zeit weiter vorauseilen, weitere fünf Jahre, laß einen Tonfilm entstehen und nimm wahr, was passiert, wenn Du dieses Ziel nicht realisierst, wenn Du es nicht umsetzt – was sich verändert in Deinem Leben oder was so bleibt – wie es ist, wenn Du Dich morgens im Spiegel anschaust – was es für eine Auswirkung hat, wenn Du immer über dieselben Witze lachst, immer noch mit denselben Leuten zusammen bist – immer noch genau das tust, was Du schon immer getan hast – und Dein Ziel nicht realisierst, nicht erreichst. Nimm wahr, was es für eine Auswirkung hat auf Deine Vitalität – Deine Gesundheit – Deine Finanzen – Dein Selbstwertgefühl – Deine Partnerschaft – die Beziehung zur Welt – zu den Menschen – zu Dir – insgesamt auf Deine Lebensqualität.

Und laß die Zeit weiterlaufen, in zehn Jahren, was bedeutet es, zehn Jahre dieses Ziel nicht realisiert zu haben, zehn Jahre lang dies nicht in Dein Leben gebracht zu haben. Nimm es wahr und spüre hinein, was es für ein Gefühl ist, was mit Deiner Lebendigkeit ist, was Du Dir sagst und wie sich das für Dich anhört, was es für ein Gefühl ist, zu wissen, daß Du es bereits seit zehn Jahren nicht erreicht hast, nicht realisiert hast.

Und dann laß die Zeit weiterlaufen und nimm wahr, wie es in 20 Jahren ist, wie in 25 Jahren, wie es ist, wenn Du alt bist, so alt, wie Du Dir vorstellen kannst, was das bedeutet für Dich, wenn Du alt bist und weißt, daß Du dieses Ziel in Deinem Leben nicht erreicht hast – nicht realisiert, nicht wahrgemacht hast, nimm wahr, welche Auswirkungen dies auf Dein Leben hat – auf Deine Lebensqualität, auf das, was Dir wichtig ist – so, wie Du mit Dir und anderen in Verbindung bist – Deine Finanzen – Deinen Erfolg – Dein Selbstwertgefühl? Was ist es, was Dir jetzt einfällt, was wichtig ist? Spüre, wie es sich anfühlt, dieses Ziel nicht erreicht zu haben.

Dann nimm wahr, daß es glücklicherweise nicht wahr ist.

Komme hierher zurück in die Gegenwart und freue Dich daran, daß es nicht wahr ist und Du die Chance hast, heute etwas zu tun, Dich heute zu entscheiden, heute zu wählen, was Du tun kannst, um einen Schritt näher an Dein Ziel zu kommen. Du kannst heute entscheiden, was es ist, was Du tun wirst. Und dann laß einen Tonfilm entstehen, was Dich erwartet, wenn Du heute beginnst, dieses Ziel zu realisieren. Und dann laß eine Vision entstehen – in einem Jahr, wie es ist, wenn Du heute beginnst und dieses Ziel wahrmachst, es in Dein Leben integrierst – wie es sich in einem Jahr für Dich anfühlen wird, zu wissen, daß Du dieses Ziel erreicht hast – wie es in einem Jahr sein wird, in den Spiegel zu schauen, wie Du aussiehst, wie Du Dich bewegst, welche Auswirkungen es auf Deine Vitalität, auf Deine Gesundheit hat – darauf, wie Du Dich fühlst – wie Du Dein Leben gestaltest – wie Du Deine Lebensqualität jeden Tag erlebst – auf Deine Partnerschaft – auf Deine Beziehungen zu anderen oder zu Dir selbst – Dein Selbstwertgefühl – Deine Finanzen, Deinen Erfolg im Beruf – und Deine Lebendigkeit. Spüre, wie es sich anfühlt zu wissen, daß Du dieses Ziel erreicht hast, daß Du diese Aufgabe gemeistert hast, daß Du das in Dein Leben integriert hast.

Und dann laß die Zeit weiterlaufen, wie es sich in fünf Jahren für Dich realisiert, wie es sich gestaltet, wenn Du dieses Ziel erreicht hast – wie es ist zu wissen, daß Du das für Dich wahrgemacht hast. Und dann laß einen Tonfilm kommen, mit allem was dazugehört, an Farben, an Licht, Bewegung, mit allem, was für Dich dazugehört, wenn Du Dich siehst, jeden Morgen im Spiegel, was es bedeutet für Deine Lebendigkeit – Beweglichkeit – Gesundheit – Deine Partnerschaft.

Und laß die Zeit weiterlaufen, in zehn Jahren – laß eine Idee entstehen, wie Du älter wirst – so alt, wie es für Dich richtig ist – jetzt – und Du in dieser Situation wahrnehmen kannst, welche Auswirkungen es hat, wenn Du dieses Ziel für Dich wahrmachst und es in Dein Leben integrierst – auf die Art, wie Du älter wirst, die Art, wie Du mit Dir selbst und anderen umgehst – auf die Lebensqualität – auf Deine Vitalität – Deine Gesundheit – auf Deine Beziehungen – Deinen Erfolg – Deine Finanzen – welche Auswirkungen es auf Dein gesamtes Leben hat und wie Du Dich fühlst, wie Du Teil eines großen Ganzen bist. Inwieweit hat es dazu beigetragen, Deine Lebensaufgabe zu realisieren und Deinen Teil zu einem großen Ganzen beizutragen. Was ist es, was dadurch in Dein Leben mit eingeflossen ist, was dadurch automatisch auch noch wahrgeworden ist, was im Fahrwasser dieses Zieles mit hineingeflossen ist in Dein Leben. Spüre, wie es sich anfühlt, zu wissen, daß Du es wahrgemacht hast, daß Du es aktiv in Dein Leben gebracht hast.

Nimm wahr, daß auch das leider noch nicht wahr ist, daß es noch nicht so weit ist, aber daß Du jetzt die Möglichkeit hast, Dich zu entscheiden, heute den ersten Schritt zu tun – daß Du entscheiden kannst, was Du als erstes tun willst, um dieses Ziel wahrzumachen.

Nimm Dir ein Blatt Papier und schreibe Dir auf, was Du als erstes tun wirst, womit Du beginnen wirst und dann tue es – jetzt.

Notizen

Übungs-Spectrum

– Motivation –

- ➤ Antrieb stärken
- ➤ Erfolg als Motivator
- ➤ Was bringt Dir das?
- ➤ Ich tu es
- ➤ Einladung zum Handeln
- ➤ Short Cut
- ➤ Guten Morgen (1)[*]
- ➤ Werte-Katalog (1)
- ➤ Werte-Hierarchie (1)
- ➤ Wertschätzung (1)
- ➤ Lebensaufgabe (2)
- ➤ Spiel des Lebens (2)
- ➤ Regeln (3)
- ➤ Ich muß – will ich? (3)
- ➤ Motivationsstrategie evozieren (4)
- ➤ Die eigene Motivation steigern (4)

[*] Es handelt sich hierbei um Hinweise auf Übungen in anderen Büchern – siehe dazu im Anhang Seite 257.

Hausaufgaben:

➤ Attraktive Ziele und Visionen entwickeln

➤ Anker aufladen – ressourcevolle Zustände kreieren und ankern

➤ Herausforderungen suchen – Aufgaben, die eine Anforderung an Deinen Mut und Deine Einsatzbereitschaft stellen, bewußt machen und annehmen

➤ Hingabe üben – bewußt einlassen auf Situationen, Menschen und Gefühle annehmen, was ist

➤ Begeisterung entwickeln – achte auf alle Dinge und Menschen, die Dich begeistern, finde heraus, was Dich begeistert und wie Du Dich selbst anregen kannst

Kreativität

Wegweiser

Einstimmung – Kreativität

Es gibt Menschen, die die Ordnung des Universums intuitiv erfassen; Künstler zum Beispiel, die ein Gemälde schaffen und genauestens wissen: Hier muß ein wenig Farbe hin, dort ein wenig von einer anderen, und so eine Komposition aus Licht, Farben und Formen erschaffen, die sich nach der Ordnung des Universums richtet. Oder Musiker, die hier einen Klang und dort eine Stille zaubern. Und diese Kunstwerke, die dann entstehen, die berühren auf eine ganz unmittelbare Art die Seele und schaffen die Ordnung des Universums im Menschen. Das ist es, was bei Kunstwerken oder großer Musik das Berührende, das Ausgleichende und Ordnende sein kann. Wenn der Mensch mit einer solchen Schönheit in Kontakt kommt, dann ordnet sich das eigene Innere wieder nach dem Gesetz des Universums.

Kreativität ist der Zugang zur Melodie des Universums.

Im NLP gibt es einmal die Möglichkeit, einen kreativen Zustand, einen Zustand von Fließen, von Loslassen, von genialem Sich-Zufallen-Lassen in sich zu kreieren. Zum anderen besteht die Möglichkeit, Wege zu schaffen, Kreativität umzusetzen und in reale Projekte fließen zu lassen, die lebbar sind. Es geht nicht nur darum, den kreativen Prozeß zu verstehen, sondern auch ein kreatives Klima zu schaffen und die eigene Vorstellungskraft zu trainieren, so daß Techniken zur Entwicklung und zum Einfangen neuer Ideen eingesetzt werden können.

Im kreativen Prozeß gelten andere Regeln als im Alltag, hier werden andere Fragen gestellt und andere Bewertungsmaßstäbe angelegt, um Kreativität frei und ungehindert fließen zu lassen. Die Kriterien für die Alltagstauglichkeit kommen erst nach diesem Prozeß.

Die Phantasie ist die Goldquelle in unserem Kopf, die Phantasie der Mitarbeiter ist die Goldquelle in einem Unternehmen. „Phantasie macht den Menschen zur Krone der Schöpfung", sagte schon Shakespeare und: „Die Phantasie ist wichtiger als alles Wissen", meinte Albert Einstein.

In einer überwiegend linkshirnig ausgerichteten Gesellschaft, die ihre Schwerpunkte auf Sprechen, Lesen, Schreiben, Analysieren und Logik aufbaut, sind Intuition, das Erfassen von Ganzheiten, von Bildern, Ähnlichkeiten, Analogien und Metaphern nicht unbedingt die geförderten Ziele oder Werte. Um kreativ zu sein, brauchen wir beide Gehirnhälften. Wir müssen sie miteinander koordinieren, so daß beide Gehirnhälften sich an einem schöpferischen Prozeß beteiligen können.

In einer Organisation ist es wichtig, eine lebendige Vorstellung von der Zukunft zu entwickeln, die sich bildlich, wörtlich und schriftlich mitteilen läßt, die anderen dadurch einsehbar und vertraut wird, die andere Menschen berührt und bewegt. Um solche Ideen entwickeln zu können, bedarf es kreativer Prozesse aller Beteiligten. Kreativ sein heißt nicht, etwas völlig Neues zu schaffen, sondern auch eine neue Verknüpfung, Vernetzung von Ideen, ein Zusammentragen von vielen unterschiedlichen Varianten, die dadurch zu einem neuen Ganzen entstehen.

Manchmal stolpert man wie durch Zauberei über Einsichten und Lösungen, aber das passiert nur Menschen, die sich zufällig auch gerade mit einer Frage oder einer Lösung intensiv beschäftigt haben. Nur, wenn die Ausrichtung auf eine Idee intensiv und beharrlich da ist, kann einem genau dieser Zufall zuteil werden. Viele großartige Innovationen sind im Traum entstanden.

„Lade Ideen ein und bewirte sie fürstlich, denn eine von ihnen könnte ein König sein."
– Mark van Doren

Der kreative Prozeß beginnt mit einem Anlaß, der Kreativität erfordert, mit dem Bewußtwerden, daß ein Problem vorhanden ist oder eine Lösung gebraucht wird. Dies ist das Sprungbrett, auf dem dann Gedanken entstehen können. Laß Dir eine gewisse Zeit, um diesen Anlaß ins Unbewußte sinken zu lassen, so daß die Möglichkeit eines positiven Wahrnehmungsfilters geschaffen wird. Scheinbare Eingebungen aus heiterem Himmel kommen am ehesten dann, wenn man sie am wenigsten erwartet. Dies ist darauf zurückzuführen, daß wir loslassen und in einem entspannten, gelassenen Zustand sind. Dann können die rechte und linke Gehirnhälfte zusammenarbeiten und neue Verknüpfungen von Wissen ermöglichen. Die schönsten Ideen entstehen spielerisch und mit Humor, wenn wir uns erlauben, ohne Bewertung einfach zu sein.

Oftmals hindert uns ein mentales Programm an Kreativität, was zum Beispiel heißen könnte: „Nur eine begabte Minderheit ist kreativ." Oder: „Ich kann das nicht." Hier kann NLP bei der Beseitigung und Aufhebung dieser Blockaden eine große Hilfe sein.

Wenn es nicht die mentalen Programme sind, die Menschen daran hindern, sich der Kreativität und ihrer eigenen Schöpfungskraft hinzugeben, dann ist es oftmals die Hektik des Alltags und das Eingebundensein in das Tagesgeschäft, das ihnen nicht erlaubt, sich die Zeit zu nehmen, zu träumen und einfach nur wahllos Ideen sprudeln zu lassen, ohne sie zu bewerten und ohne sie sofort in die Wirklichkeit umsetzen zu müssen. Hier sind Ziele eine großartige Möglichkeit, um der Kreativität eine Richtung zu geben. Nicht nur die Bewegung ist wichtig, sondern auch zu wissen, in welche Richtung diese Bewegung erfolgen soll. Wir sind nie in der Lage, die gesamte Wirklichkeit zu erfassen, das heißt, daß wir immer nur einen Ausschnitt dessen sehen, was gerade ist. Ziele als Wahrnehmungsfilter und Handlungsfilter zu nehmen, läßt Kreativität zielorientiert in eine Richtung fließen.

Wie jede andere Fähigkeit auch kann man Kreativität durch Üben fördern. Am meisten übt: Neugierig sein.

Wie kann man damit noch umgehen? Man kann mit Assoziationen arbeiten, mit Vernetzungen, Verbindungen, mit Eigenschaften, mit Umdeutungen, man könnte jede Idee aufschreiben oder sich ein Diktiergerät bereitlegen oder nachts neben dem Bett ein Aufnahmegerät haben.

Im kreativen Prozeß werden andere Fragen gestellt als im Alltag:

➤ Was kann noch hinzugefügt werden?
➤ Wie wäre es, wenn wir diese Angelegenheit übertreiben würden?
➤ Was könnte man sonst noch damit machen?
➤ Was würde ein Kind, ein Verliebter, ein Ureinwohner in Afrika mit dieser Sache machen?
➤ Was könnten wir außerdem noch nutzen?
➤ Gibt es etwas Ähnliches?
➤ Was könnten wir anpassen an andere Dinge?
➤ Was könnten wir nachahmen?
➤ Was könnten wir ersetzen?
➤ Was kann man weglassen?
➤ Was kann man zusammenfassen?
➤ Was könnte man miteinander verknüpfen?
➤ Was ist das Gegenteil davon?
➤ Wie kann man es anders anordnen?

Üben übt, die wichtigste Grundlage ist jedoch, sich selbst anzunehmen und loszulassen von allen „Du mußt", „Du sollst" und „Du kannst nicht".

Bei Kreativität ist Perfektionismus tödlich. Winston Churchill sagte dazu: „Die Maxime: *Nichts bringt Nutzen außer der Perfektion* kann man auch als Lähmung buchstabieren. Erst, wenn man tot ist, wird man vollkommen sein." Es geht also darum, sich selbst anzunehmen mit seinen Schwächen und Stärken.

„Wenn ihr ihr selbst seid, helft ihr anderen, sie selbst zu sein. Ihr seid dann nicht neidisch auf Begabungen, die ihr nicht habt, und könnt deshalb offenen Sinnes und

leichten Herzens den anderen fördern. Wenn ihr euch mit liebevoller Selbstachtung begegnet, habt ihr Vertrauen zu dem von euch eingeschlagenen Weg. Ihr akzeptiert dann eure gegenwärtige Lage, wie auch immer sie ist, als euren Ausgangspunkt und erkennt, daß alle schöpferischen Impulse, die ihr braucht, von ihr ausgehen können."
– Jane Roberts

Gerade NLP bietet im Coaching-Prozeß viele Möglichkeiten, kreative Blockaden aufzuheben und durch Kreativitätstechniken den Flow-Zustand herzustellen und neue Ideen realisierbar zu machen. Als eine der schönsten und intensivsten Möglichkeiten empfehlen wir, in einen Quellzustand, in einen kreativen Flow-Zustand einzutauchen und aus diesen persönlichen Kraftquellen zu schöpfen.

Wie kann man die innere Kraftquelle in Fluß bringen, so daß Wellen der Kreativität entstehen?

Die Begeisterung ist der innere Motor, der Kreativität zum Sprudeln bringt.

Begeisterung wird als eine Lebenshaltung verstanden, eine Lebenshaltung, für die man sich bewußt entscheiden kann, die geübt, genährt, gepflegt und kultiviert werden muß, wenn sie Bestand haben soll. Begeisterung ist die Energie der Seele, und diese Batterien werden aufgeladen durch Tun und durch die Verpflichtung zu den eigenen Visionen. Diese Energie wird potenziert durch den Wunsch, Träume Wirklichkeit werden zu lassen, das Unmögliche möglich zu machen, eine Verpflichtung einzugehen – im Englischen nennt man es Commitment. Es ist leicht, begeistert und motiviert zu sein, wenn alles gut läuft und der Erfolg sich von allein einstellt. Das ist keine Kunst. Kunst ist es, in dem Moment begeistert zu sein, wenn es schief läuft, Kunst ist es, sich zu motivieren, wenn es nicht von allein geht und wenn es nicht klappt. Das macht den Unterschied aus, nicht darauf zu warten, daß etwas von außen geschieht, sondern die Verantwortung für das eigene Leben selbst zu übernehmen und sich selbst wieder zu begeistern.

Wenn man beim ersten Versuch noch keinen Erfolg hat, dann liegt man immer schon weit über dem Durchschnitt. Ein wesentlicher Bestandteil von Motivation ist die Beharrlichkeit. Alle kennen sicher dieses Beispiel von Edison, der beharrlich 2000 Fehlschläge erlitten hat, wie Glühbirnen nicht funktionieren. Und der auf das Bedauern eines Kollegen sagte: „Nun ja, jetzt weiß ich 2000 Möglichkeiten, wie es nicht funktioniert." Begeisterung und kreatives Schaffen haben die Belohnung bereits in sich. Die Belohnung ist der Rausch der Kreativität, den Menschen auch als Erweiterung ihres Bewußtseins beschrieben haben, als Gipfelerlebnis, indem sie in ihrer Aufgabe und in ihrem Schaffen vollständig aufgehen. Das ist ein Gefühl von Erfülltsein, von Erfüllung, von ekstatischer Freude. Die Arbeit wird zum Spiel, und die Konzentration stellt sich von ganz alleine ein. Dies schafft ein interessantes Zeiterleben, ein Phänomen, in dem die Zeit subjektiv sehr viel schneller vergeht. Das sind Momente des puren Seins, in denen alle Energie vorhanden ist, man sich entspannt fühlt und die Dinge zur rechten Zeit am rechten Ort sind und alles seine innere Ordnung hat und im Einklang mit dem Universum ist.

Disney–Mind Map

Form: Übung ☒   Phantasiereise ☐

Ziel:
Kreative Ideen entstehen lassen und umsetzbar machen

Weitere Anwendungsmöglichkeiten:
Projektplanung, Kongruenz

Dauer:
45 Min.

Material:
Mindestens vier verschiedenfarbige Stifte und Papier

Anmerkung:
„If you can dream it, you can do it." – Walt Disney

Walt Disney ist nicht nur durch seine witzigen und kreativen Filme, Träume und Ideen aufgefallen, sondern auch durch deren realitätsnahe Umsetzung berühmt geworden.

Anleitung:
1. Wähle eine Aufgabe, die Du kreativ und erfolgreich umsetzen möchtest.

2. Erinnere Dich an eine Erfahrung, wo Du Ideen frei fließen lassen konntest, wo Du Dir selbst erlaubt hast, ganz ungewöhnliche Gedanken zu haben, wo Du phantasiert hast und träumen durftest.

Spüre noch einmal ganz intensiv diesen Zustand in Dir und daß alles möglich ist, und laß Ideen kommen, die Deine Aufgabe betreffen, und erstelle ein Mind Map in einer Farbe mit den Möglichkeiten, die Du erträumt hast.

Separator

3. Erinnere Dich an eine Situation, in der Du sehr tatkräftig warst, realitätsbezogen gehandelt hast und praktische Ideen zur Umsetzung einer Aufgabe hattest.

Nimm Dir einen neuen Farbstift, vervollständige Dein Mind Map, indem Du all die Ideen aufschreibst, was Du tun könntest, um die Ideen zu realisieren, um die Träume in die Praxis umzusetzen.

Separator

4. Erinnere Dich an eine Zeit, in der Du sehr konstruktiv Kritik geübt hast, eine Situation, in der Du klar erkannt hast, was zu verbessern ist und dies auch deutlich mitteilen konntest.

Nimm Dir einen anderen Farbstift und erstelle eine Liste, in der Du alle Verbesserungen notierst, die Dir jetzt einfallen. Alle konstruktiven Einwände finden hier ihren Platz.

Separator

5. Verwandle Deine Kritik in Lösungsvorschläge und trage sie mit einer neuen Farbe in Dein Mind Map ein. Überarbeite Dein Mind Map, um ein realistisches, umsetzbares, jedoch auch visionäres Resultat zu erhalten.

6. Stell Dir vor, wie Du diese Aufgabe erfolgreich durchführst, mit allem, was für Dich dazugehört (VAKOG). Nimm wahr, welche Ressourcen Dich darin unterstützt haben, diese Aufgabe erfolgreich zu meistern.

Notizen

Fragen-Katalog

Form: Übung ☒   Phantasiereise ☐

Ziel:
Intuition in ein längerfristiges Projekt mit einbeziehen

Weitere Anwendungsmöglichkeiten:
Ein Buch schreiben, energiesparende Vorbereitung auf große Veränderungen

Dauer:
60 Min. und tägl. 30 Min.

Material:
Ein Tagebuch

Anmerkung:
Unser Gehirn arbeitet unablässig, und Fragen setzen einen Suchprozeß in Gang, genau wie eine Sucheingabe in einem Computer. Wir Menschen können über das Finden von Antworten in unserem eigenen Gedächtnisspeicher mit Fragen einen Wahrnehmungsfilter einrichten, der auch zukünftige Ereignisse auf ihre Brauchbarkeit als Antwort hin überprüft.

Anleitung:
1. Notiere alle Fragen, die Du in bezug auf Dein Projekt bisher gestellt hast. Nimm Dir dann einen Moment Zeit und sinne darüber nach, welche Fragen in bezug auf Dein Projekt Du Dir unbewußt gestellt hast.

2. Werte für Dich die Antworten aus, welche für Dich nützlich und welche für Dich hinderlich sind.

3. Nimm Dir einen Augenblick Zeit und überlege Dir, welche Fragen Dir die Antworten geben werden, die Du benötigst, um Dein Projekt erfolgreich voranzubringen.

4. Wähle jeden Tag eine dieser Fragen aus, stelle sie Dir am Morgen ganz bewußt, und sei den ganzen Tag über offen für mögliche Antworten.

Wichtige Hinweise können sein: ein Buch, ein Zeitungsartikel, eine Radio- oder Fernsehsendung, was ein Kollege oder Freund zu Dir sagt, ein Problem, was auftaucht, irgend etwas, was unerwartet geschieht, ein Mensch, der in Dein Leben tritt.

5. Notiere am Abend die Antworten und was Dir dazu spontan einfällt.

6. Werte zu einem festgesetzten Termin Dein Material in bezug auf das Projekt aus.

Notizen

Yoga für Kreativität

Form: Übung ☒ Phantasiereise ☐

Ziel:
In Fluß kommen; Körper und Geist für kreative Zustände lockern

Weitere Anwendungsmöglichkeiten:
Entspannung, Harmonisierung, Koordination beider Gehirnhälften

Dauer:
25 Min.

Material:
Decke, bequeme Kleidung

Anmerkung:
Dieses sind Übungen aus dem Kundalini-Yoga, die die Lebensenergie stärken. In einem entspannten Körper kann die schöpferische Kraft viel leichter wirken. Die Übungen wirken durch ihren Wechsel von Aktivität und Ruhe und den Ausgleich beider Gehirnhälften harmonisierend.

Diese Übungen richten sich an gesunde Menschen. Dabei ist es wichtig, behutsam mit dem eigenen Körper umzugehen, die eigenen Grenzen zu respektieren und dem eigenen Rhythmus zu folgen.

Zu Beginn sollte eine kurze Einstimmung und zum Abschluß ein Ausklingen erfolgen.

NLP gibt uns die Möglichkeit, Ressourcen zu ankern. Indem Du diese Übung regelmäßig ausführst und immer mit der gleichen Geste beendest, gewöhnst Du Deinen Körper daran, einen Entspannungszustand zu erleben. Dann kannst Du diesen Anker in Situationen nutzen, wo Du Ruhe und Gelassenheit gut gebrauchen kannst.

Anleitung:
1. Setze Dich bequem in den Schneidersitz, Wirbelsäule gerade, schiebe den höchsten Punkt Deines Scheitels in Richtung Himmel, lege Deine Hände bequem auf Deine Knie ab und lasse Deinen Atem lang und tief fließen. Stimme Dich auf

Deine Art auf Deine Yoga-Serie ein, entweder indem Du ein Mantra singst oder dreimal tief durchatmest und Dir bewußt machst, daß die nächste halbe Stunde Dir allein gehört.

2. Schüttle mit kurzen schnellen, behutsamen Bewegungen Deine Stirn, wie ein Nein-Schütteln (ca. eine Minute).

Danach Ja-Schütteln (ca. eine Minute).

Dann wieder in die Grundposition und nachspüren.

3. Verschließe mit dem Daumen Deiner rechten Hand das rechte Nasenloch, die Finger zeigen zum Himmel. Laß Deinen Atem lang und tief durch Dein linkes Nasenloch fließen (ca. zwei Minuten). Komme wieder in die Grundposition und spüre nach.

4. Umfaß mit beiden Händen das vordere Fußgelenk, atme durch den Mund ein und drücke gleichzeitig Deine Brust und Deinen Unterkiefer vor. Mit dem Ausatmen laß den Unterkiefer los und mache einen Katzenbuckel. Der Kopf bleibt bei dieser Übung möglichst gerade (ca. eine Minute).

Mit dem nächsten Einatmen komme wieder in die Grundposition zurück und spüre einen kurzen Moment nach.

5. Strecke die Arme zur Seite aus mit den Handflächen nach unten. Mit dem Einatmen ziehe die linke Hand hoch und die rechte Hand nach unten, mit dem Ausatmen ziehe die rechte Hand hoch und die linke Hand nach unten. Die Arme bleiben dabei parallel zum Boden (ca. eine Minute).

Danach lege Dich für ca. zwei Minuten auf den Rücken und entspanne Dich.

6. Komme für die nächste Übung in den Fersensitz, d.h. die Unterschenkel liegen nebeneinander auf dem Boden und Du setzt Dich auf Deine Fersen. Deine Hände liegen auf den Oberschenkeln und die Wirbelsäule ist gerade. Beuge Deinen Kopf nach vorne und drücke Dein Kinn auf die Brust und mache in dieser Position Feueratem.

Für Frauen: Feueratmen nicht während der Schwangerschaft oder der Periode. Für Männer: In allen Phasen des Lebens.

Feueratem: Schnelles Ein- und Ausatmen durch die Nase, ca. ein- bis zwei Mal pro Sekunde und mit dem Einatmen den Bauch loslassen, mit dem Ausatmen den Nabel in Richtung Wirbelsäule ziehen (insgesamt ca. eine Minute).

Nach dem Feueratmen komme in die Grundposition zurück, lasse den Atem wieder lang und tief fließen und spüre der Übung nach.

7. Strecke das rechte Bein nach vorn und ziehe die Zehen in Richtung Kopf – lege Deine linke Fußsohle an die Innenseite Deines rechten Oberschenkels. Richte Dich mit dem Einatmen auf und strecke Deine Arme in Richtung Himmel – die Hände sind dabei verschränkt und die Handflächen zeigen nach oben. Strecke mit dem Ausatmen Deine Arme so weit wie möglich nach vorne unten in Richtung Fuß (ca. eine Minute im Wechsel).

Komme wieder in die Grundposition und spüre nach.

8. Lege Dich auf den Bauch, ziehe Deine Beine hoch und umfasse Deine Fußgelenke. Dein Kinn bleibt am Boden. Lasse Deinen Atem lang und tief fließen (ca. eine Minute).

Lege Dich auf den Rücken – Arme liegen neben dem Körper und die Beine etwas auseinander. Genieße die nächsten vier Minuten Entspannung mit dem Wissen, daß Du heute etwas für Dich getan hast.

9. Komme zum Abschluß in die Grundposition und beende diese Yoga-Serie auf Deine Art, indem Du entweder ein Mantra singst oder tief durchatmest und einen Anker setzt und dies innerlich für Dich abschließt.

Notizen

Moment of Creativity

Form: Übung ☒ Phantasiereise ☐

Ziel:
Kreativen Fluß in die Situationen bringen, in denen man ihn braucht

Weitere Anwendungsmöglichkeiten:
Geniale Zustände verstärken, Flow–Zustände öfter und intensiver erleben

Dauer:
30 Min.

Material:
–

Anmerkung:
Wir alle kennen Zustände von Kreativität und entspannter, schöpferischer Kraft. Viel zu selten können wir diese Qualität in den Situationen beleben, in denen wir sie brauchen oder gerne nutzen würden. Durch das Ankern können wir diese Kraft genau in die Lebenssituationen bringen, wo wir sie uns wünschen.

Anleitung:
1. Erinnere Dich an mindestens drei Situationen, in denen Du offen warst für Kreativität, wo Du gespielt hast und wo Dir geniale Einfälle nur so zugeflogen sind. Finde eine kreative Geste, die sozial akzeptabel ist und die Du in den Situationen nutzen kannst, in denen Du kreativ sein möchtest (Symbol, Farbe, Musik).

2. Wähle das intensivste Erlebnis aus und gehe in Gedanken ganz in diese Situation, so als ob Du sie hier jetzt erlebst (VAKOG). Erlebe so intensiv wie möglich dieses selbstverständliche Fließen, dieses Offensein für neue Impulse, dieses Loslassen alter Denkmuster und Sich-Hingeben an neue, geniale Einfälle.

3. Im intensivsten Moment mach Deine kreative Geste und spüre, wie sich diese Geste mit dem Zustand, dem Symbol oder Klang verbindet.

Wiederhole dieses Ritual so oft, bis Du ganz selbstverständlich mit dieser Geste Deine kreative Energie fließen lassen kannst.

4. Stell Dir zukünftige Situationen vor, in denen Du diese Qualität nutzen möchtest und finde eine Möglichkeit, wie Du in Deinem Alltag sicherstellst, daß Du in diesen Situationen Deinen Anker erinnerst und Deine Geste einsetzt.

Notizen

Symbol-Übung

Form: Übung ☒   Phantasiereise ☐

Ziel:
Zugang zu unbewußten Anworten finden

Weitere Anwendungsmöglichkeiten:
Zielfindung, Standortbestimmung

Dauer:
Eine Stunde

Material:
Natur und Schreibzeug

Anmerkung:
Diese Übung ist eine wunderbare Möglichkeit, um bewußte und unbewußte Anteile für den Kreativitätsprozeß zu nutzen.

Wenn keine Natur in der Nähe ist, kann man selbstverständlich variieren. Auch ein Stadtspaziergang bietet die Gelegenheit, Geschenke zu finden.

Anleitung:
1. Wähle eine Frage, für die Du eine kreative Antwort erhalten möchtest.

2. Mache einen Spaziergang in der Natur und bewege diese Frage in Deinen Gedanken. Finde einen Gegenstand, ein Geschenk, was Du hierher mit zurückbringen kannst.

3. Finde eine Position, in der Du den Gegenstand hinlegst. Benenne drei Symbole, die Dir zu diesem Geschenk einfallen und notiere sie.

4. Wähle eine neue Perspektive, aus der Du dieses Geschenk betrachtest und notiere Dir nochmals drei Symbole, die Dir einfallen.

5. Lege Dein Geschenk beiseite und notiere Dir Deine Frage, mit der Du gegangen bist. Beantworte nun zu jedem einzelnen Symbol die Frage: „Was sagt mir dieses Symbol in bezug auf diese Frage?" und mache Dir dazu Notizen.

Werte die Antworten aus und laß Dich überraschen, welche Anregungen Du gefunden hast.

Notizen

Quelle der Schöpfung

Form: Übung ☐   Phantasiereise ☒

Ziel:
Flow-Zustand herstellen, Kontakt
zur kreativen Quelle herstellen

**Weitere
Anwendungsmöglichkeiten:**
Entspannung

Dauer:
20 Min.

Material:
Decke; *Musik:* Deuter, Land of Enchantment

Anmerkung:
Wenn Du sehr angespannt bist, kannst Du vorher Körper-Übungen machen, um
leichter loszulassen. Wenn Du magst, kannst Du nach der Reise malen oder Notizen
machen, zu dem was Du erlebt hast.

Anleitung:
Lege Dich bequem hin. – Du hast die Möglichkeit, jetzt noch alles zu tun, damit Du
Dich in den nächsten 20 Minuten entspannen und die Zeit für Dich genießen kannst.

Du kannst Dich entscheiden, auf welche Art Du heute am schnellsten loslassen
kannst, denn Du hast die Wahl, ob Du einfach nur daliegst und Dich ausruhst oder
Dich mitnehmen läßt von der Musik in einen Zustand von Gelöstsein – oder ob
Du meiner Stimme lauschen magst und all den Assoziationen, die sie bei Dir weckt.
Nimm wahr, wo Du überall den Boden berührst und was alles Du jetzt noch an
den Boden abgeben kannst – loslassen – schwerer werden lassen kannst.

Und während Dein Körper das ganz von allein weitermacht und einfach ganz von
allein weiter losläßt, kannst Du mit Deiner Aufmerksamkeit in Deine Beine spüren
– rechts und links – wahrnehmen, welches Bein im Moment schwerer ist oder ob
sie beide gleich schwer sind. Und während sich die Entspannung und Schwere der

Beine nach oben durch Deinen gesamten Körper ausbreiten kann, kannst Du in Dein Becken spüren – wie es jetzt daliegt, und was Du hier loslassen kannst – lockern – lösen, ganz an den Boden abgeben – während Du mit Deiner Aufmerksamkeit Deine Wirbelsäule, Deinen Rücken wahrnehmen kannst – wie Du aufliegst und wo Du überall den Boden berührst – loslassen – alles weiter und wärmer werden lassen. Während Du jetzt mit Deiner Aufmerksamkeit hineinspürst in beide Arme – wie sie heute daliegen – und wie genau Du hier loslassen kannst – vielleicht, indem Du Dir vorstellst, daß Deine Arme schwerer werden – und Du alles lösen und lockern kannst – um dann wahrzunehmen, wie Dein Kopf aufliegt – und was Du hier – im Nacken und Gesicht – noch loslassen, weicher und weiter werden lassen kannst.

Während Du spüren kannst, wie sich die Entspannung in Deinem gesamten Körper ausbreitet, nimm Deinen eigenen Rhythmus wahr – Deinen Atem – ein und aus – und wie Du mit jedem Ausatmen ein kleines bißchen mehr loslassen kannst – tiefer entspannen.

Und indem sich Dein Körper wie von allein weiterentspannt und losläßt, kannst Du Dich in Deiner Phantasie zu Deiner Quelle der Schöpfung begeben. Erinnere Dich an einen Ort in der Natur, wo Du schon einmal einen Augenblick der Ganzheit und Inspiration erlebt hast. Laß Dich in Gedanken an einen Ort in der Natur tragen – an dem der Geist frei ist – und die Ideen sprudeln können.

Nimm wahr, was Deine Quelle ist, die für Dich diesen Zustand ermöglicht. Laß Dich überraschen, wie Deine Quelle aussieht und was für Dich alles da ist – worin Deine Quelle eingebettet ist – was sie umgibt.

Schau Dich um, welche Farben und Formen da sind, die diesen Ort so einzigartig für Dich werden lassen – welche Teile der Natur sich an diesem Ort vereinen – und für Dich ein harmonisches Ganzes ergeben. Wie sieht Deine Quelle aus – schau Dir die Farben an, die aus Deiner Quelle kommen – die Klarheit – die Reinheit – die Ursprünglichkeit, aus der Neues entsteht. Während Du diesen Ort der Inspiration weiter erkunden kannst, nimm auch wahr, welche Töne und Geräusche Dich hier begleiten – welche Klänge sich harmonisch in dieses Ganze einfügen – vielleicht auch eine ganz spezielle Stille – die Ruhe und Gelassenheit ausstrahlt. Richte Deine Aufmerksamkeit auf Deine Quelle – auf die Geräusche – die Töne – die Melodie, die Du jetzt wahrnehmen kannst. Sind es eher gleichmäßige rhythmische Töne oder spielt Deine Quelle einen ganz eigenen Rhythmus – eine eigene Komposition – ein ganz spezielles Lied mit einer verbindenden Melodie – laß Dich von der Musik Deiner Quelle verzaubern und Deine Phantasie beflügeln.

Während Du die Klänge Deiner Quelle auf Dich wirken lassen kannst, nimm wahr, wie Du Dich an diesem Ort fühlst und was Dich berührt – Dich anregt – Dich inspiriert – in Dir die Neugierde weckt – und die Lust steigert, in Kontakt zu kommen mit der Quelle – mit diesem Element der schöpferischen Kraft. Laß Dich anziehen und nimm auf Deine Art Kontakt auf mit Deiner Quelle – mit dem Teil, der Kreativität zum Sprudeln bringt – für den alles möglich ist – und der die Freiheit hat, alles zu denken. Nimm Dir jetzt die Zeit, dieses Element zu berühren – in Kontakt zu sein – einzutauchen – Dich ganz hineinzubegeben – mehr und mehr – bis Dein gesamter Körper von diesem Element umgeben ist – eingetaucht in Kreativität und Schöpfungskraft – und Du die Verbindung spüren kannst mit dieser einzigartigen, vollkommenen Energie. – Jede Zelle Deines Körpers ist in Verbindung – spürt das Wissen – die spielerischen Möglichkeiten – das „Alles ist möglich" dieses Elementes. Während Du Dich ganz sicher tragen läßt und Dich frei und ganz selbstverständlich in diesem Element bewegst, spürst Du ganz intensiv, daß Du Teil dieser Energie bist – daß Du eins bist – in Verbindung mit Deiner schöpferischen Kraftquelle – und damit gleichzeitig verbunden mit allem, was im Universum da ist.

Laß Dich treiben und mitnehmen von diesem Strom der Kreativität – spüre, wie Du losläßt – ins Fließen kommst – Dich vertrauensvoll dem schöpferischen Strom hingibst – Teil des Ganzen bist – verbunden – und spürst, wie die Kreativität eine Richtung bekommt und Du Dich hingeben kannst – der Klarheit, dem Licht, der Melodie und dem Spiel Deiner Quelle. Und mit der Erkenntnis, daß jede Zelle Deines Körpers in Verbindung steht mit dem Wissen des gesamten Universums – daß dieses Wissen – diese schöpferische Kraft bereits in Dir ist – und Du jederzeit Zugang zu diesen Qualitäten haben kannst – verabschiede Dich von Deiner Quelle der Schöpfung – indem Du auftauchst – angefüllt mit kreativer Energie – mit einem freien Geist, der sich die Erlaubnis gibt, alles zu denken – den Geist von seinen Fesseln zu befreien – Ideen fließen zu lassen – Deiner Phantasie Flügel wachsen zu lassen.

Verabschiede Dich mit der Gewißheit, daß Du die Verbindung zu dieser Qualität ganz selbstverständlich herstellen kannst – wenn Du es wünschst. Verabschiede Dich von Deinem Ort der Inspiration und komme hierher zurück, indem Du wahrnimmst, wie Du auf dem Boden liegst und was sich als erstes bewegen möchte – ob es die Finger oder die Zehen sind, oder die Füße. Laß mit jedem Einatmen Frische und Energie in Dich einströmen, so daß Du mehr und mehr hierher zurückkommst, wach und vital – und Dich vielleicht schon ein bißchen räkeln möchtest.

Übungs-Spectrum

– Kreativität –

Disney-Mind Map
- ➤ Fragen-Katalog
- ➤ Yoga für Kreativität
- ➤ Moment of Creativity
- ➤ Symbol-Übung
- ➤ Quelle der Schöpfung*
- ➤ ABC-Übung (1)*
- ➤ Anne Kaffeekanne (1)
- ➤ Wahrnehmungsräume putzen (1)
- ➤ Das Land der Phantasie (2)
- ➤ Reise zum kreativen Raum (2)
- ➤ Deinen inneren Kritiker wertschätzen (2)
- ➤ Pannenmanagement (3)
- ➤ Disney-Strategie (3)
- ➤ W-Fragen (3)
- ➤ Glaubenssätze ändern (4)
- ➤ Eigenmetapher entwickeln (5)

---

*   Es handelt sich hierbei um Hinweise auf Übungen in anderen Büchern – siehe dazu im Anhang Seite 257.

Hausaufgaben:

➤ Übung macht den Meister (2)

➤ Brain Gym – Übungen aus der Kinesiologie

➤ Malen, Tanzen, Singen, Trommeln

➤ Natur – Spazierengehen, Aufenthalte in der Natur, Schönheit der Natur genießen

➤ „So tun, als ob" denken – in der Phantasie so tun, als ob etwas bereits Wirklichkeit ist

➤ Klarträumen – vor dem Einschlafen eine Frage stellen oder um die Lösung eines Problems bitten

➤ Routine unterbrechen – Gewohnheiten bewußt ändern, z. B. mit links schreiben, neue Wege zur Arbeit gehen, andere Farben und Formen wählen

Entspannung

Wegweiser

Einstimmung – Entspannung

Als jemand einmal darauf beharrte, daß es immer nur eine absolut richtige Antwort auf eine Frage geben könne, sagte der Meister: „Wenn Leute an einem nassen Ort schlafen, bekommen sie Rheuma. Dies gilt allerdings nicht für Fische. Auf einem Ast zu leben, das kann gefährlich sein und sehr anstrengend. Das gilt allerdings nicht für Affen. Wer also hat die richtige Einstellung? Fisch, Affe oder Mensch? Und welches ist der vernünftige Aufenthaltsort? Die Menschen essen Fleisch, die Tiere fressen Gras, und Bäume ernähren sich aus dem Boden. Welcher Geschmack ist nun der richtige, absolut gesehen?"

Es gibt keine Patentrezepte, um mit Streßsituationen fertig zu werden. Optimale Streßbewältigung nutzt vielfältige und individuelle Bewältigungsstrategien.

Unsere Erfahrung ist, daß nicht jede Entspannungsmethode bei jedem Menschen gleich wirkt und auch nicht von jedem gleich gern genutzt wird. Dies erklärt sich daraus, daß Menschen unterschiedliche Sinnessysteme nutzen, um innere Zustände zu aktivieren. Jeder Mensch hat gelernt, durch seinen bevorzugten Sinn Erfahrungen und Gefühle zu aktivieren. Die einzelnen Methoden unterscheiden sich durch einen unterschiedlichen Zugang und einen unterschiedlichen Schwerpunkt der gemachten Erfahrung.

Einen auditiven Weg stellt Singen, Mantren-Meditation und die Wiederholung von Sätzen und Formeln (im Autogenen Training) dar.

Visuelle Methoden nutzen Visualisierungsübungen, innere Bilder, Mandalas, Feuermeditation und Lichteinflüsse, um einen gewünschten Zustand anzuregen. Bei kinästhetischen Entspannungsmethoden wird das gewünschte Resultat durch Bewegung, Berührung und Atmung hergestellt, wie z.B. Feldenkrais, Yoga, Bewegungsmeditation, Atemübungen und Massage.

Entspannungsmethoden dienen der Gesundheitsprävention und geben dem Gecoachten ein Mittel in die Hand, im Alltag den eigenen Rhythmus wiederzufinden und damit eigenverantwortlich seine inneren Zustände zu meistern. Sie unterstützen darin, Erfahrungen mit sich selbst und seinem Körper zu machen und lassen einen „Zeitraum" entstehen, in dem der Mensch aus seiner Quelle Kraft und Energie schöpfen kann.

Die regelmäßige Anwendung von Entspannungsmethoden kann ein Weg der Selbsterkenntnis sein und eine Einstellungsänderung beinhalten, Zeit für sich selber zu nehmen, sich um sich selbst zu kümmern, nach innen zu horchen und die Verbindung von Körper, Geist und Seele zu spüren.

Werden nun Entspannungsmethoden regelmäßig über einen längeren Zeitraum, z.B. zwei oder drei Jahre durchgeführt, zeigt sich, daß damit auch Veränderungen in anderen Bereichen des Lebens stattfinden können. Gerade diesen Prozeß des bewußten Lebens, des respektvollen und liebevollen Umgangs mit sich selber können diese Methoden anregen. Der Weg zu einem ganzheitlichen, zu einem gesunden Lebensstil ist nicht nur mit der Durchführung *einer* Entspannungsübung getan, sondern hängt auch mit Ernährungsgewohnheiten, persönlicher Arbeitszeitplanung, den inneren Einstellungen und Glaubenssätzen, mit dem Selbstwert, mit Schlafgewohnheiten und dem Umgang mit Genußmitteln, Nikotin, Alkohol und dem Freizeitverhalten (sportliche Aktivitäten) zusammen. Ziel ist es, eine individuelle Strategie zur Streßbewältigung zu entwickeln und leichter eine Balance zwischen Ruhe und Aktivität zu erleben.

Häufig kommt der Gecoachte aus Situationen, in denen er größere Belastungen spürt und überhöhten Anspannungen ausgesetzt ist, was zu innerer Unruhe und zu Unausgeglichenheit führt. Über den Körper wird die Anspannung spürbar und manchmal auch sichtbar. Im NLP sind Körper, Geist und Seele eine Einheit, und der Körper und psychische Prozesse hängen eng miteinander zusammen. Oftmals spiegelt der Körper die inneren Prozesse und Erfahrungen wider. Obwohl Manager und Führungskräfte gerade zum Thema Streß sicherlich sensibilisiert sind, was sich auch in dem Fortbildungsangebot innerhalb von Firmen widerspiegelt, ist es für den Coach sicherlich hilfreich, sich in Methoden auszukennen, die innere Ruhe und körperliches und seelisches Wohlbefinden bewirken.

Während des Coachingprozesses wird vielleicht deutlich, daß es für den Gecoachten wichtig sein kann, sich mit dem Thema Entspannung und ganzheitliche
Lebensführung auseinanderzusetzen. Um gelassen, entspannt und kraft- und ener-
gievoll den Alltag zu meistern, ist mehr als eine Verhaltensänderung notwendig.

Hilfreich für ein gesundes und vitales Leben sind:

➤ eine unterstützende *Umwelt:* Freunde, Beziehungen, Arbeitsplatz,

➤ ein gesundheitsförderliches *Verhalten:* Entspannungsübungen, Massagen, Sauna, Sport, Spaziergänge,

➤ das Aktivieren entsprechender *Fähigkeiten:* Visualisieren, Motivieren, Disziplin, Loslassen, zur Ruhe zu kommen,

➤ unterstützende *Werte:* Gesundheit, Ausgewogenheit, Beweglichkeit, Vitalität,
Respekt,

➤ stützende *Glaubenssätze:* „In einem gesunden Körper wohnt ein gesunder
Geist", „Ab 30 ist regelmäßige Bewegung lebenswichtig", „Ohne Gesundheit
ist alles nichts",

➤ eine förderliche *Identität:* „Ich bin wertvoll", „Ich bin ein Wunder", Mein
Körper ist mein Kapital oder Geschenk",

➤ eine geklärte *Sinn*frage: z.B. „Ich habe eine Lebensaufgabe, für die es sich lohnt,
gesund zu sein", „Ich bin ein wichtiger Teil einer Gemeinschaft und es lohnt
sich, daß ich meinen Beitrag bis ins hohe Alter geben kann – geistig und
körperlich beweglich."

NLP kann auf den einzelnen Ebenen Unterstützung, Anregungen und Veränderungsprozessen einen Impuls geben. Eine intensive Auseinandersetzung mit Entspannung und Gesundheit versucht alle diese Ebenen anzusprechen.

Die Aufgabe des Coach besteht darin, den Gecoachten dabei zu unterstützen, seine
eigenen Vorstellungen von einem gesunden und vitalen Leben zu entwerfen,
umzusetzen und wirklich zu leben.

Feldenkrais-Anker

Form: Übung 🗷 Phantasiereise 🗌

Ziel:
Koordination und Beweglichkeit erhöhen, Bewußtheit durch Bewegung

Weitere Anwendungsmöglichkeiten:
Entspannung, Rückenverspannungen lösen

Dauer:
10 Min.

Material:
Stuhl

Anmerkung:

Die von Moshe Feldenkrais (1904-1984) entwickelte Methode ist ein Lernprozeß, durch den wir eine angemessene Bewegungsorganisation und neue Handlungs- und Bewegungsmöglichkeiten entdecken können.

Bewußtheit durch Bewegung: die Wahrnehmung von Bewegung (Zusammenspiel der Körperteile, Kraftaufwand, Koordination, Tempo) und das Erfahren der Wirkung von Bewegung (Nachspüren, Erkennen von Unterschieden, Erleben von Veränderungen). Verknüpfungen zwischen Denken, Fühlen und Handeln werden konkret erlebbar.

Die Bewegungen orientieren sich stets am Vermögen des einzelnen Menschen.

Bei den Feldenkrais-Übungen kommt es darauf an, jede Bewegung ganz langsam und bewußt auszuführen.

Anleitung:

Grundposition: Setze Dich bequem auf einen Stuhl, so daß Du mit den Füßen Kontakt zum Boden hast und auf einer waagerechten Sitzfläche sitzt. Die Wirbelsäule ist gerade und die Hände liegen bequem auf Deinen Oberschenkeln.

Spüre durch Deinen Körper, indem Du bei den Füßen beginnst und von unten nach oben wahrnimmst, wie sich die einzelnen Bereiche Deines Körpers anfühlen, rechts und links, oben und unten. Nimm Deine Atembewegung wahr.

1. Setze Dich aufrecht hin und spüre Deine beiden Sitzhöcker und kippe dann Dein Becken langsam und behutsam nach vorn und nach hinten, indem Du ein Hohlkreuz machst und einen Katzenbuckel. Koordiniere die Bewegung mit Deinem Atem. Führe diese Übung so lange aus, wie Du magst.

Grundposition: Nachspüren

2. Bewege Dich abwechselnd von Deinem rechten auf Deinen linken Sitzknochen, indem Du ganz behutsam und langsam Deine rechte und Deine linke Hüfte zur Seite schiebst. Koordiniere diese Bewegung mit Deinem Atem.

Grundposition: Nachspüren

3. Stell Dir vor, die Sitzfläche Deines Stuhles wäre ein Ziffernblatt: Vor Dir 12 Uhr. Rolle Dein Becken behutsam zur 12, dann weiter im Uhrzeigersinn zur 3, zur 6, zur 9, zur 12, usw. Koordiniere diese Bewegung mit Deinem Atem. Mach diese Übung so lange, wie Du magst. Halte einen Moment auf der 12 inne, um dann Dein Becken entgegen des Uhrzeigersinns zu rollen. Führe diese Bewegung so bewußt wie möglich aus und koordiniere diese Bewegung mit Deinem Atem.

Grundposition: Nachspüren

4. Lege Deine linke Hand auf Deine rechte Schulter und Deine rechte Hand auf Deine linke Schulter, behutsam die Ellenbogen in Richtung Decke strecken. Diese Bewegung mit Deinem Atemrhythmus koordinieren.

Wechsele dann die Hände auf den Schultern und fahre mit der Bewegung fort, so lange, wie Du magst.

Grundposition: Nachspüren

5. Hebe den rechten Arm ca. auf Brusthöhe, den Unterarm angewinkelt, die Handfläche vor der Brust in Richtung Boden. Bewege den Ellenbogen behutsam nach hinten, drehe Deinen Kopf mit und dann wieder zurück zur anderen Seite.

Koordiniere das mit Deinem Atem. Halte einen Moment inne und wechsele dann die Arme.

Grundposition: Nachspüren

6. Stelle Dich neben Deinen Stuhl, so daß der Stuhl links von Dir steht und Du Dich an der Lehne abstützen kannst. Gib Dein Gewicht auf Deinen linken Fuß und rolle auf den Außenkanten Deines Fußes im Uhrzeigersinn, weich in den Knien, Becken und Schultern. Halte einen Moment inne und dann entgegen dem Uhrzeigersinn. Koordiniere das mit Deinem Atem. Laufe ein paar Schritte und spüre der Übung nach. Drehe Dich dann um und mache die Übung mit dem rechten Fuß.

Laufe ein paar Schritte durch den Raum.

Setze Dich zum Abschluß noch einmal in die Grundposition und spüre durch Deinen Körper, was sich verändert hat, und ankere dieses Gefühl auf Deine Art und Weise mit einer Geste oder Berührung.

NLP gibt uns die Möglichkeit, Ressourcen zu ankern. Wenn Du Deinen Körper daran gewöhnst, einen Entspannungszustand zu erleben, indem Du eine Übung regelmäßig ausführst und diese immer mit der gleichen Geste beendest, dann kannst Du in Situationen, wo Du diese Ruhe und Gelassenheit gut gebrauchen kannst, Deinen Anker nutzen.

Notizen

Yoga

Form: Übung ☒ Phantasiereise ☐

Ziel:
Entspannung und Blutdruck normalisieren

**Weitere
Anwendungsmöglichkeiten:**
Beweglichkeit, Kreislaufstabilität

Dauer:
20 Min.

Material:
Decke, bequeme Kleidung

Anmerkung:
Yoga ist eine über 5000 Jahre alte indische Philosophie, die zumeist mündlich vom
Meister an den Schüler weitergegeben wurde. Es bietet einen Weg zur menschli-
chen Weiterentwicklung.

Es gibt viele unterschiedliche Yoga-Arten: z.B. Hatha-Yoga oder Kundalini-Yoga.
Das Wort „Yoga" stammt aus dem Sanskrit (eine altindische Schriftsprache). Es
heißt so viel wie „Anschirren", „Anjochen" im Sinne von Selbsterlösung durch die
vollkommene Beherrschung des Körpers und die Befreiung des Geistes.

Mit Hilfe von Yoga kann man sich aktiv und bewußt entspannen. Dabei gibt es
immer einen Wechsel zwischen Anspannung des Körpers in der Übung und der
vollkommenen Entspannung nach einer Übung.

Bei den Übungen geht jeder mit seinem Körper respektvoll um und bestimmt dabei,
wie weit die Dehnung gehen soll und mit welchem Tempo die Übungen durchgeführt werden.

Beim bewußten Entspannen spürt man in seinen Körper hinein und nimmt
Veränderungen und Wirkungen wahr. Während und nach einer Übung wird die
Aufmerksamkeit auf die Atmung gelenkt und bewußt darauf geachtet, daß man tief
und gleichmäßig atmet.

Die Heilwirkungen des Yoga sind in Indien überliefert und Bestandteil medizinischer Therapie. Neuerdings erforschen weltweit Mediziner Wirkungen der Körper- und Atem-Übungen des Yoga. Yoga hat nachweislich Einfluß auf willensunabhängige Körperfunktionen wie Puls, Blutdruck, Aktivität innerer Organe, Gehirnaktivität.

Sorgfältig und behutsam geübt, eröffnet es jedem die Möglichkeit, geschmeidiger und gelenkiger zu werden. Es fördert Muskelbildung, verbesserte Durchblutung, Entspannung, Konzentrationsfähigkeit und gesteigertes Wohlbefinden.

Kundalini-Yoga führt über teilweise sehr dynamische Körper- und Atem-Übungen, Tiefenentspannung und die Erfahrung des Klangstroms zu tiefem innerem Frieden.

Anleitung:
Grundposition: Schneidersitz, Wirbelsäule gerade, Scheitel zum Himmel und den Atem lang und tief fließen lassen – einstimmen auf eine Zeit für Dich.

1. Verschließe mit Deinem linken Daumen Dein linkes Nasenloch, atme lang und tief durch Dein rechtes Nasenloch ein und aus (eine Minute). Verschließe mit dem Zeigefinger das andere Nasenloch und laß Deinen Atem lang und tief durch Dein linkes Nasenloch strömen.

Grundposition und nachspüren.

2. Im Schneidersitz: Lege Deine Hände auf die Knie und beschreibe mit dem Oberkörper Kreise aus der Hüfte heraus. Einatmen hinten und ausatmen vorne (ca. eine Minute in beide Richtungen).

Grundposition und nachspüren.

3. Lege Dich auf den Rücken, die Hände gefaltet im Nacken. Winkle mit dem Einatmen ein Knie an und laß es mit dem Ausatmen langsam über das andere Knie kippen. Die Schultern bleiben dabei am Boden. Hebe es mit dem Einatmen wieder an und strecke es mit dem Ausatmen wieder geradeaus. Wiederhole dies eine Minute lang abwechselnd mit beiden Beinen. Bleibe einen Moment in der Rückenlage und spüre dieser Übung nach (2 Minuten).

4. Im Fersensitz. Die Schienbeine liegen nebeneinander auf dem Boden und Du sitzt auf Deinen Fersen. Die Hände liegen auf den Schultern, die Daumen zeigen nach

hinten. Mit dem Einatmen drehe nun Deinen Körper und Deinen Kopf nach links und mit dem Ausatmen Kopf und Körper nach rechts (eine Minute).

Grundposition und nachspüren.

5. Im Schneidersitz. Strecke die Arme 60 Grad hoch, die Daumen zeigen nach oben und die Finger sind zu Fäusten geballt. Männer: Feueratem. Frauen: Feueratem nur zwischen Schwangerschaften und Perioden. Während einer Schwangerschaft oder Mensis lang und tief atmen.

Feueratem: Durch die Nase sehr schnell ein- und ausatmen, ca. ein bis zwei Mal pro Sekunde, dabei mit dem Ausatmen den Nabel Richtung Wirbelsäule ziehen und mit dem Einatmen den Bauch loslassen (eine Minute).

Grundposition und nachspüren.

6. Aus der Rückenlage die Hände in Schulterhöhe abstützen. Die Füße aufstellen und die Hüfte vom Boden heben, Kopf nach hinten hängen lassen. Den Atem lang und tief durch den Mund fließen lassen (eine Minute).

In der Rückenlage eine Minute ausruhen.

7. Im Schneidersitz. Hände sind verschränkt im Schoß, die Daumenspitzen liegen aneinander. Mit dem Einatmen die Muskeln im Unterleib anspannen, mit dem Ausatmen die Muskeln entspannen (ca. eine Minute.).

Grundposition und nachspüren.

8. Im Schneidersitz. Die Hände ruhen auf den Knien. Einatmen und vollständig ausatmen – den Atem anhalten und währenddessen den Bauchnabel ein- und auspumpen.

Lege Dich auf den Rücken, entspanne Dich und lasse den Atem lang und tief fließen (ca. vier Minuten).

Grundposition: Spüre die Auswirkung, die diese Yoga-Übungen auf Dich haben und reibe sanft mit den Fingerrücken der linken oder rechten Hand Dein Brustbein. Schließe die Übung für Dich ab und stimme Dich auf das Tagesgeschehen ein.

NLP gibt uns die Möglichkeit, Ressourcen zu ankern. Wenn Du Deinen Körper daran gewöhnst, einen Entspannungszustand zu erleben, indem Du diese Übung regelmäßig ausführst und diese immer mit der gleichen Berührung beendest, dann kannst Du in Situationen, wo Du Ruhe und Gelassenheit gut gebrauchen kannst, Deinen Anker nutzen.

Notizen

Atemräume spüren

Form: Übung ☒   Phantasiereise ☐

Ziel:
Eigenen Rhythmus wahrnehmen, harmonisieren

Weitere Anwendungsmöglichkeiten:
Entspannung, Zustandsveränderung

Dauer:
15 Min.

Material:
Stuhl

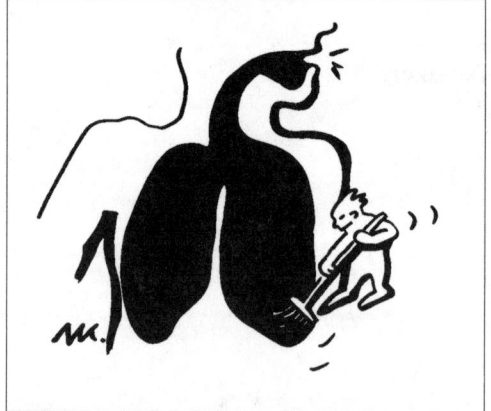

Anmerkung:

Atem ist etwas sehr Persönliches. Wir alle atmen ganz selbstverständlich und denken selten über dieses Wunder nach. Der Atem ist einer unserer Grundrhythmen – einer der Rhythmen, auf den wir bewußt Einfluß nehmen können. Atem ist Leben. Luft zu haben, bedeutet auch Raum zu haben.

NLP gibt uns die Möglichkeit, Ressourcen zu ankern. Wenn Du Deinen Körper daran gewöhnst, einen Entspannungszustand zu erleben, indem Du diese Übung regelmäßig ausführst und diese immer mit dem gleichen Anker beendest, dann kannst Du in Situationen, wo Du diese Ruhe und Gelassenheit gebrauchen kannst, diesen Anker nutzen.

Anleitung:

1. Setze Dich aufrecht auf einen Stuhl, lege Deine Hände entspannt auf Deine Oberschenkel ab, stelle die Füße ca. 20 cm voneinander entfernt auf dem Boden ab. Laß ganz bewußt Dein Einatmen kommen und das Ausatmen wieder gehen und nimm dann wahr, wie Dein Atem wieder ganz von allein kommt und geht.

2. Lege Deine beiden Hände unterhalb des Schlüsselbeins auf Deine Lungenspitzen, Finger geschlossen. Spüre Deiner Atembewegung nach und wie Du Deinen Atem-

raum erspüren kannst. Laß die Übung nachschwingen, indem Du die Hände ruhen und Deinen Atem fließen läßt.

3. Lege Deine Hände auf Deinen unteren Rippenbogen und spüre Deiner Atembewegung, Deinem Rhythmus nach und wie Du Deinen Atemraum für Dich nutzen kannst.

Laß diese Übung ausklingen.

4. Lege die Hände auf Deinen unteren Bauchraum, ein wenig unterhalb des Nabels, erspüre Deine Atembewegung hier und wie weit diese Bewegung in Deinem Körper fließt.

Laß die Übung ausschwingen.

5. Lege Deine Handrücken so hoch, wie Du es vermagst, auf Deinen Rücken. Beuge Dich ein wenig nach vorn und spüre die Ausdehnung Deines Atemraumes hier.

Ausschwingen.

6. Handrücken auf die Nieren. Erspüre den Atemraum hier.

Nachschwingen.

7. Handrücken auf das Kreuzbein. Nebeneinander. Spüre Deinem Atemrhythmus nach bis in Dein Kreuzbein hinein.

Laß die Übung ausschwingen.

8. Lege dann Deine Hände auf den unteren Rippenbogen und erfühle von hier aus alle Deine Atemräume und inwieweit sich durch die Berührung und Wärme Deiner Hände und die bewußte Aufmerksamkeit Deine Atemräume verändert haben.

9. Beende die Übung in der Grundposition, verschränke die Hände, lege die Zeigefinger und die Daumenspitzen aneinander und spüre die wohltuende Wirkung dieser Übung. Oder nutze Deinen Ruhe- und Gelassenheitsanker, um ihn zu intensivieren.

Meditationen

Form: Übung ☒ Phantasiereise ☐

Ziel:
Zentrierung, Stärkung des Immunsystems

Weitere Anwendungsmöglichkeiten:
Transzendenz, Entspannung, Koordination

Dauer:
7–20 Min.

Material:
–

Anmerkung:
„Eines Tages wirst Du begreifen, daß Du nach dem suchst, was Du schon hast", sagte der Meister zu einem eifrigen Schüler. „Warum sehe ich es dann nicht jetzt?" „Weil Du Dich darum bemühst."
„Muß ich mich also nicht anstrengen?" „Wenn Du Dich entspannst und ihm Zeit läßt, wird es sich von selbst zu erkennen geben." – Anthony de Mello

Hier werden unterschiedliche Meditationen vorgestellt. Suche Dir die passende Meditation aus, die für Dein Ziel am leichtesten und effektivsten ist.

Anleitung:
➤ *Reinigungsmeditation*
  Setze Dich bequem hin, so daß Du Deine Wirbelsäule gerade halten kannst, entweder im Schneidersitz oder auf einem Stuhl.
  Visualisiere mit dem Einatmen, wie helles Licht von oben durch Deinen Scheitel in Deinen Körper fließt und sich in Deinem ganzen Körper ausbreiten kann. Mit dem Ausatmen stelle Dir vor, wie Licht in Deiner Farbe durch alle Deine Poren aus Dir herausströmt (zehn Minuten).

➤ *Meditation zur inneren Stärke*
  Setze Dich bequem hin und singe für sieben Minuten das Mantra: Jio Jio Jio Jio Jio Jio Jio Jio. Jio heißt geliebte Seele. Die Meditation wirkt sowohl durch die

Wiederholung des Mantras, als auch durch die Schwingung, die im Körper entsteht.

➤ *Täglich etwas Schönes anschauen*
Mindestens fünf Minuten lang (z.B. eine Blume, den Himmel, Tiere).

➤ *Vorbereitende Zen-Meditation zur Ruhe*
Setze Dich bequem hin. Lasse Deinen Geist ganz ruhig und frei werden und zähle innerlich mit Deinem Atem-Rhythmus. Einatmen 1, ausatmen 2, einatmen 3, ausatmen 4, usw. – bis 10. Beginne dann wieder von vorn.
Sollten während des Zählens Gedanken auftauchen, beginne wieder bei der Ziffer 1. Dauer: 20 Min. (Übrigens: auch große Yogis sind am Anfang oft nicht über 2 hinausgekommen.)

➤ *Gregorianische Gesänge morgens und abends hören*
Die Gesänge zum Innehalten, zum Nach-Innen-Sehen und Zur-Ruhe-Kommen nutzen. Erst innehalten, dann schauen und dann handeln.

Unsere Empfehlung: Chant – The Benedictine Monks of Santo Domingo de Silos (CD von Angel-Records).

Notizen

Stressoren entmachten

Form: Übung ☒   Phantasiereise ☐

Ziel:
Steßreaktionen mildern

Weitere Anwendungsmöglichkeiten:
Neubewertung, Ressourcen nutzen

Dauer:
20 Min.

Material:
Liste mit Stressoren

Anmerkung:

Streß beschreibt einen Zustand außergewöhnlich starker körperlicher, seelischer oder geistiger Anforderungen. Er beeinträchtigt unser körperliches und seelisches Wohlbefinden. Streß beschreibt den Zustand, in dem man sich befindet. Stressoren sind die Ursachen, die diesen Zustand auslösen.

Bekannte Stressoren sind z.B. Zeitnot, Verantwortung, Konflikte mit Kollegen, Ärger mit Chef oder Kunden, Informationsüberflutung, Umweltverschmutzung, Lärm, Berufsverkehr, Streit, zu wenig Schlaf usw. Finde Deine Stressoren heraus. Überprüfe, welche Du vermeiden kannst, was Du in Deinem Leben verändern kannst, um gelassener zu leben oder welche Botschaft Dein Körper Dir mit der Streßreaktion mitteilen möchte.

Für Streßreaktionen, die aus Deiner Bewertung oder Deiner Reaktion auf einen Auslöser resultieren, ist folgende Übung gedacht.

Anleitung:

1. Wähle einen Stressor, der immer wieder auftaucht, den Du gerne entmachten möchtest und finde heraus, welche inneren Ressourcen Dir in dieser Situation fehlen.

2. Erinnere eine Situation, in der Du diese Ressourcen hattest (VAKOG).

Laß diese Erfahrung ganz intensiv werden und ankere dieses Gefühl auf seinem Höhepunkt durch die Berührung Deines Mittelfingers mit dem Daumen.

3. Erinnere eine Erfahrung, in der Du mit Humor und Leichtigkeit etwas Wichtiges gemeistert hast. Ankere auch dieses Gefühl mit der gleichen Geste im intensivsten Augenblick Deines Erlebens.

– Separator –

4. Denke jetzt an Deinen Stressor und den Auslöser der Situation. In dem Moment, wo das Streßgefühl beginnt, löse Deinen Anker, indem Du die Geste ausführst und die damit verbundenen Ressourcen erinnerst.

– Separator –

Löse diesen Anker mehrmals aus, bis Du automatisch auf Deinen Stressor mit einem ressourcevollen Gefühl oder Zustand reagierst.

5. Visualisiere eine zukünftige Situation, in der Du diese Reaktion gut gebrauchen kannst.

Notizen

Information Gesundheit

Form: Übung □   Phantasiereise ☒

Ziel:
Entspannung

**Weitere
Anwendungsmöglichkeiten:**
Aktivierung der Selbstheilungs-
kräfte

Dauer:
20 Min.

Material:
Decke; *Musik:* Karunesh, Colors of
light

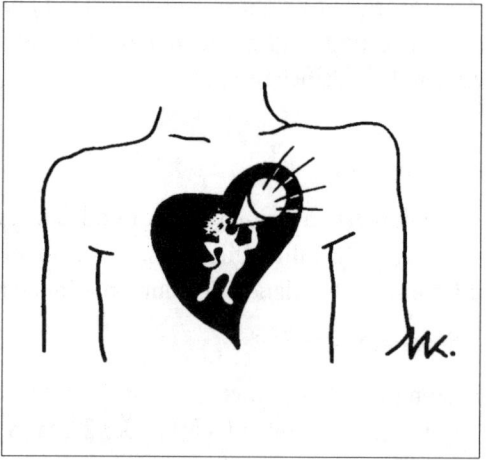

Anmerkung:

Arzt: „Der Schmerz in Ihrem Bein ist auf Ihr hohes Alter zurückzuführen."
Patient: „Verkaufen Sie mich nicht für dumm, das andere Bein ist genauso alt." –
Anthony de Mello

Eine Phantasiereise ersetzt nicht den Arzt-Besuch, sondern dient der Unterstützung
der Selbstheilungskräfte. Sie sollte in Ruhe in behaglicher Umgebung genossen
werden.

Anleitung:

Beginne jetzt, während Du auf dem Boden liegst, indem Du mit dem Einatmen
Deine Füße anspannst, die Füße, die Zehen zu Dir herziehst, ganz stark, und mit
dem Ausatmen wieder losläßt. Und dann in Deinem eigenen Rhythmus zweimal
die Beine anspannst und ein wenig vom Boden abhebst und mit dem Ausatmen
wieder losläßt. Und dann die Fäuste ballen, anspannen und loslassen. Zweimal
einatmen, anspannen und ausatmen und loslassen. Und dann die Arme – zweimal
die Arme anspannen, mit dem Einatmen dann wieder loslassen. Und Deine
Beckenmuskulatur und Deinen Bauch anspannen und wieder loslassen, in Deinem
eigenen Atemrhythmus, mit Deinem Einatmen anspannen und dann wieder

loslassen mit dem Ausatmen. Und Deine ganze Rückenmuskulatur mit dem Einatmen anspannen und mit dem Ausatmen loslassen, auf Deine Art. Und dann zweimal die Schultern und Deinen Nacken und Deinen Kopf mit dem Einatmen anspannen und mit dem Ausatmen loslassen. Und dann einmal den ganzen Körper anspannen und loslassen. Und während Dein Körper das für Dich tut, kannst du jetzt alles an den Boden abgeben. Nimm wahr, was Du Deinen Körper allein weiter tun lassen kannst, so wie jede Nacht, einfach loslassen, lockern und lösen, während Dein Geist dabei ganz hellwach bleiben kann. Und dann nimm Dir jetzt die Zeit, Dich an eine Lebensphase zu erinnern, in der Du vollkommen gesund warst, Dich vital und lebendig gefühlt hast – Körper und Geist in Balance waren. Laß Dich überraschen, von wo diese Erinnerung in Dir ausgehen kann und wie sich diese Erinnerung in Deinem Körper ausbreitet und wie Du diesen wunderbaren Zustand für Dich wiedererkennen kannst – als eine Information, die Dein Körper bereits gespeichert hat. Entdecke für Dich, welche Farben zu dieser Information gehören, welches Licht, welche Klänge und Rhythmen, welche Bewegung, auf welche Art sich dies in Dir ausbreitet und wie es Dich ganz durchfluten kann – ausfüllen und einhüllen – so daß Du ganz sicher und geborgen wie in einem Kokon bist. Und finde jetzt heraus, welche Zellen in Deinem Körper auch heute noch diese ursprüng- liche, gesunde Information enthalten. Laß Dich überraschen, auf welche Art Du jetzt die Gewißheit über die gutinformierte Zellgruppe erhältst. Bitte Deinen gesamten Körper – alle Deine Organe – alle Deine Zellen – sich für diese ursprüngliche Information zu öffnen und sich diesem alten Weisheitszustand neu hinzugeben. Und Du hast jetzt die Möglichkeit, diesem Wunder beizuwohnen, wie sich eine gesunde Information in Deinem Körper ausbreiten kann und ob Du dies durch ein Prickeln – ein Strömen – ein Fließen – Wärme oder Leichtigkeit – bemerken kannst.

Mit diesem Wissen, daß Du jederzeit in der Nacht diesen Informationsfluß neu beleben kannst, komme hierher zurück, wo Du auf dem Boden liegst und nimm wahr, was sich zuerst bewegen möchte, um ganz hier wieder anzukommen, vielleicht die Füße oder die Hände oder die Arme oder der Kiefer, und vielleicht kannst Du es unterstützen, indem Du Deine Hände zu Fäusten ballst und anspannst, um ganz hierher zu kommen – ganz hierher zurück in diesen Raum mit Deiner ganzen Aufmerksamkeit und Energie, vielleicht schon mit einer Idee, was Du heute für Dich und Deine Gesundheit tun willst.

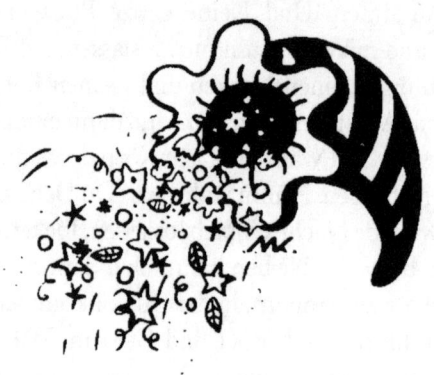

Übungs-Spectrum

– Entspannung –

- ➤ Feldenkrais-Anker
- ➤ Yoga
- ➤ Atemräume spüren
- ➤ Meditationen
- ➤ Stressoren entmachten
- ➤ Information Gesundheit
- ➤ Aufhellung (1)[*]
- ➤ Progressive Muskelrelaxation (1)
- ➤ Entspannung nach Feldenkrais (1)
- ➤ Ort der Ruhe (1)
- ➤ Heilreise (1)
- ➤ Dein Gesundheitszentrum (2)
- ➤ In Streßsituationen ruhig bleiben (4)
- ➤ Aneignung neuer Fähigkeiten (4)
- ➤ Einschlafstörungen überwinden (4)
- ➤ Glaubenssätze ändern (4)
- ➤ Glaubenssätze aufbauen (4)
- ➤ Werte-Wandel (4)

[*] Es handelt sich hierbei um Hinweise auf Übungen in anderen Büchern – siehe dazu im Anhang Seite 257.

Hausaufgaben:
- Atemübungen
- Autogenes Training
- Ernährung und Fitneß
- Natur – Spazierengehen, Aufenthalte in der Natur, Schönheit der Natur genießen
- Ressourcenerweckungsliste erstellen und nach „Erweckung" abhaken – Tätigkeiten und Situationen sammeln, die positive Zustände hervorrufen, z. B. Sauna, Gartenlokal, Musik, Tanzen etc. gezielt nutzen

Kommunikation
(und soziale Konflikte)

Wegweiser

Einstimmung – Kommunikation

Ein Mann kommt vermummt in eine Bank und schiebt einen Zettel zu dem Bankan-gestellen, auf dem steht: „Eine Waffe! ist auf Sie gerichtet!" Er hält einen spitzen Gegenstand – es könnte eine Pistole sein – unter der Jacke, so daß es aussieht, als bedrohe er den Schalterbeamten. Dieser liest vor: „Eine Waffel? ist auf mich gerichtet? Was soll das bedeuten?" Daraufhin zischt ihm der Mann zu: „Mein Gott, eine Waffe ist auf Sie gerichtet, dies ist ein Banküberfall." Der Schalterbeamte stutzt, staunt und sagt: „Also guter Mann, ich kann doch lesen, hier steht: Eine Waffel ist auf mich gerichtet. Kommt doch mal herüber, Jungs, hier! Also was steht hier genau? Waffel oder Waffe?" Der Banküberfall findet nicht statt.

Kommunikation ist nicht eindeutig, sondern wird von Wahrnehmung und Inter-pretation bestimmt. Nicht nur, was wir wahrnehmen, sondern auch wie wir es interpretieren, bestimmt unser Handeln.

Gelungene Kommunikation bedeutet, das Resultat zu erhalten, was man erhalten wollte. Wenn unterschiedliche Resultate gewünscht sind, kann es zum Konflikt kommen. Wir sprechen von Konflikt, wenn mindestens zwei unterschiedliche und nicht vereinbarte Ziele, Meinungen, Wertvorstellungen, Interessen oder Hand-lungsmotive aufeinandertreffen. Konflikte können innerlich (siehe Kongruenz und innere Konflikte) und zwischen verschiedenen Menschen stattfinden. Innere und soziale Konflikte hängen oft miteinander zusammen, z.B. wenn man den Wunsch verspürt, dem Chef einmal die Meinung zu sagen und auf der anderen Seite sich deswegen scheut, weil man befürchtet, daß dies Auswirkungen auf das Arbeitsver-hältnis hat. Soziale Konflikte können eine bereichernde Lernerfahrung sein, die wichtige Erkenntnisse und neue Qualitäten in Beziehungen hervorbringen und die persönlichen Erfahrungen erweitern, obwohl dies in der Situation meist nicht so gesehen wird.

Konflikte sind oft durch Meidungshaltung, Ablehnung und Abwertung der Mei-nung des anderen und die Fixierung auf die eigene Meinung und den eigenen Lösungsvorschlag charakterisiert.

Hilfreich sind:

> *offene Kommunikation und Feedback;*
> *klare und verständliche Darstellung der eigenen Ziele;*
> *zuhören können und verstehen der anderen Seite;*

➤ *Ausrichtung auf ein gemeinsames Ziel und dessen Formulierung;*
➤ *Respekt und Toleranz des anderen;*
➤ *Verantwortung für das eigene Handeln;*
➤ *Unterscheidung zwischen der Inhalts- und der Beziehungsebene.*

Gerade der letzte Aspekt ist für eine Konfliktlösung eine wichtige Grundlage. Häufig werden der Beziehungs- und der Inhaltsaspekt vermischt und beeinträchtigen den Konfliktlösungsprozeß, bevor er beginnen kann. Es gilt, Menschen und ihr Verhalten voneinander zu trennen. Dieser NLP-Grundsatz erhält den Respekt vor dem Gegenüber. Die Person ist o.k., nur das Verhalten kann einen sehr ärgern.

Bei sozialen Konflikten ist es vorteilhaft, nicht nur in seine Position, sondern auch in die Position des Gegenübers zu schlüpfen, um die Interessen, Gefühle und Motive des anderen kennenzulernen und auch sein eigenes Kommunikationsverhalten aus der Sicht des anderen zu betrachten. Dies gibt neue Möglichkeiten, ein Problem zu sehen, weil man sich in diesem Fall von der Sichtweise lösen kann, die aus der eigenen Angst und aus den eigenen Befürchtungen entsteht. Häufig ist das Verharren in der eigenen Position die Ursache dafür, daß sich die Fronten verhärten und Lösungen nicht zustande kommen.

Das Spiel zwischen der ersten Position (aus sich selbst heraus), der zweiten Position (aus dem anderen heraus) und der dritten Position (der Beobachterposition) ist eine wichtige Fähigkeit für funktionierende Kommunikation im Unternehmen. Der Wechsel von der einen in die andere Position kann eine bereichernde Lernerfahrung für den Gecoachten sein.

Der wichtigste Teil – sowohl bei inneren als auch bei sozialen Konflikten – ist das Zuhören. Die meisten Menschen haben beim Zuhören nicht die Absicht zu verstehen, sondern zu antworten und sind längst damit beschäftigt, innerlich zu überlegen, wie sie darauf antworten werden. Sie warten dann nur auf ihr Stichwort, um zu beginnen, haben dann nur wenig von der Argumentation des anderen wahrgenommen.

Um über die Motive, die Hintergründe und Wertsysteme des anderen mehr Informationen zu bekommen, ist es notwendig, genauestens zuzuhören. Hierzu bietet sich das aktive Zuhören an, d.h. mit der vollen Aufmerksamkeit bei dem anderen sein und eine Zusammenfassung des Gehörten anzubieten. So läßt sich oftmals feststellen, daß beide Parteien ganz ähnliche Interessen haben und sich auf die Interessen beziehen wollen. Dann können neue Möglichkeiten, neue Lösungen entstehen, die vielleicht vorher überhaupt nicht sichtbar waren, weil jeder meinte, daß seine Interessen nur auf diese eine Art befriedigt werden können.

So bietet es sich an, bei der Entwicklung von Lösungsvorschlägen nicht nur die eine Seite, sondern auch die Gegenseite und deren Interessen und Wünsche zu berücksichtigen und den Nutzen für beide Parteien zu erkennen und zu betonen. Dies kann es auch der Gegenseite erleichtern, eine Entscheidung zu treffen.

Im NLP gehen wir davon aus, daß die Verantwortung für Kommunikation immer bei einem selbst liegt, d.h. jeder seinen Teil zur funktionierenden Kommunikation beiträgt. Jede Kommunikation ist damit verbunden, daß sie eine Reaktion bei unserem Gegenüber auslöst. Wenn beim Coaching soziale Konflikte und Probleme mit anderen genannt werden, so hat der Gecoachte die Chance, sich anzuschauen, was er bisher getan hat, was sein Anteil ist, sein Ziel und auf welche Art und Weise er zukünftig andere einladen kann, mit ihm zu kommunizieren.

Im Gegensatz zur Kommunikation im privaten Bereich sind diese „Einladungen" an andere noch wichtiger, da wir uns die Gesprächspartner im Beruf in der Regel nicht ausgesucht haben. Teams, Vorgesetzte und Mitarbeiter sind nicht frei gewählt und somit Zwangsgemeinschaften, die ein gemeinsames Unternehmen, eine gemeinsame Arbeit und bestenfalls gemeinsame Ziele und Visionen verbindet. Diese

Ausgangssituation erfordert von allen Beteiligten Respekt und Toleranz für die Meinungen und Interessen des anderen.

Beim Coaching ist es hilfreich, das gesamte Kommunikationssystem des Unternehmens mit allen hierarchischen Ebenen, verschiedenen Abteilungen und Personen bewußt zu machen und Ziele, Interessen und Werte der einzelnen Beteiligten zu verdeutlichen, um angemessene Lösungsschritte zu erarbeiten.

Ein gemeinsames Ziel oder eine gemeinsame Vision, ein gemeinsames Projekt oder eine gemeinsame Aufgabenstellung bedeutet jedoch noch nicht, daß es keine kommunikativen Probleme gibt. Kommunikation lebt vom Feedback, von der offenen und ehrlichen Rückmeldung über das Verhalten.

Je höher jemand allerdings in der Hierarchie steigt, um so weniger wirklich offene Rückmeldungen gibt es. Gerade für Führungskräfte, die an der Spitze eines Unternehmens stehen, besteht die Gefahr der Isolation. Sekretärinnen schirmen z.B. den Chef ab, Besucher und Informationen werden selektiert. Gerade Führungskräfte an der Spitze benötigen den Kommunikationsfluß auf allen Ebenen des Unternehmens und unterstützende, unabhängige Rückmeldungen, wie sie z.B. durch einen Coach gegeben werden können. Sie können Impulse und Anregungen für Veränderungen sein, stellen die Flexibilität der Führungskraft sicher, was die Grundlage für Erfolg ist.

Etwas in neuem Licht sehen

Form: Übung ☒   Phantasiereise ☐

Ziel:
Wahrnehmungsfilter ändern, Kommunikation verbessern

Weitere Anwendungsmöglichkeiten:
Licht schicken, Ressourcen aktivieren, Perspektivenwechsel

Dauer:
20 Min.

Material:
–

Anmerkung:
Moshe Feldenkrais betrachtete jeden Fall so, als wäre es sein erster. Dies ließ ihn immer neugierig sein auf das System, was er gerade kennenlernte. Er stellte sich die Strukturen vor seinem inneren Auge vor und visualisierte einen Strom von Flüssigkeit oder Licht, der durch dieses System fließt. Da, wo es nicht weiterfließen konnte, versuchte er die Gründe herauszubekommen (Unterbrechung, Dämpfung, Versickern, Streuung, Abzweigung). Nun wußte er, wo er weiterforschen mußte, um eine Lösung zu finden, damit dieses Fließen wieder gewährleistet ist. Die Übung ist eine Anwendung dieser Strategie für die Kommunikation.

Anleitung:
1. Wähle eine Person, mit der es Dir bisher schwergefallen ist zu kommunizieren und mit der Du Deine Beziehung verbessern möchtest.

2. Stell Dir diese Person hier im Raum vor und plaziere sie so, daß es für Dich stimmt (Position, Entfernung, Größe, Bewegung).

3. Wenn Du diese Person jetzt anschaust: Welche Farben fallen Dir dazu ein? Welches Licht ordnest Du dieser Person zu? Wo genau an ihrem Körper ist welche Farbe?

4. Wo an Deinem Körper hast Du diese Farbe?

5. Welche Farbe fließt zwischen Euch und wie?

6. Welche Farbe braucht die andere Person?

7. Wo hast Du diese Farbe?

8. Wenn Du diese Farbe der Person schickst: Wie würde sich der Fluß zwischen Euch verändern? Wie fließt die Farbe? Welchen Weg nimmt sie? Welche Nuance hat sie? (Wenn hier ein Widerstand auftaucht, dann erinnere Dich daran, daß Du diese Übung für Dich und nicht für die andere Person machst.)

9. Finde eine Farbe, die den Kommunikationsfluß zwischen Euch beiden verbessern würde und wo in der Natur diese Farbe vorhanden ist.

Stell Dir vor, daß Ihr beide dieses Licht von der Natur geschenkt bekommt und es in Eure Verbindung mit einfließen kann.

10. Nimm wahr, was dies in Zukunft für das Zusammensein mit dieser Person bedeutet.

Notizen

Die vier Positionen

Form: Übung ☒   Phantasiereise ☐

Ziel:
Starke Ressource für schwierige Kommunikation nutzen

Weitere Anwendungsmöglichkeiten:
Verbindung zur Quelle, Ganzheit gemeinsam spüren, Perspektiven-wechsel

Dauer:
30 Min.

Material:
4 verschiedenfarbige Blatt Papier

Anmerkung:
Nach einer Idee von Robert McDonald.

Neben den drei bekannten Positionen im NLP wird hier der Zustand von Quelle, von Ganzsein, Einssein als vierte Position eingeführt.

Diese Übung erfordert vom Coach die Fähigkeit, aus diesem Quell-Zustand heraus zu arbeiten, diesen Zustand sowohl bei sich selbst herzustellen, als auch den Gecoachten in diesen Zustand hineinzubegleiten und den Kontakt mit ihm zu halten. Sollte der Coach bezüglich seiner Fähigkeit Zweifel haben, dann ist von der Berührung abzusehen.

Die unterschiedlichen Positionen können mit Hilfe verschiedenfarbiger Bodenan-ker unterstützt werden.

Anleitung:
1. Suche eine Kommunikationssituation, in der Du Dich nicht wohlgefühlt hast, mit einer Person, die Du wiedertreffen wirst.

2. Wähle einen Platz, an dem Du diese Erfahrung rekonstruieren möchtest und verteile die Bodenanker

1. Deine eigene Position;
2. die Position Deines Gegenübers;
3. die Position eines unabhängigen Beobachters;
4. die Position: Quelle, Ganzheit, Einssein.

3. Nimm die 1. Position ein und erlebe die Situation aus Deiner Sicht. (VAKOG)

– Separator –

4. Begib Dich in die 4. Position der Quelle und der Ganzheit und erinnere Dich an einen Moment, wo dieses Gefühl ganz da war. (VAKOG)

Ich werde jetzt auch in diesen Zustand eintauchen und Dich gleich zwischen Deinen Schulterblättern berühren. Um diesen Zustand noch intensiver zu machen, kannst Du Deine Hand auf Dein Herz legen und ich werde meine Hand darüberlegen. Nimm den Kontakt wahr, mit Dir und mir und der Ganzheit.

5. Gehe mit diesem Gefühl noch einmal in die 1. Position und nimm wahr, was sich dann ändert. Ich werde Dich begleiten und Du kannst während der gesamten Übung den Kontakt spüren. Laß in dieser 1. Position sich dieses Ganzheitsgefühl ausdehnen und Dein Gegenüber mit umfließen.

6. Begib Dich in die 2. Position, in Dein Gegenüber. Nimm wahr, was sich ändert, wenn Du dieses Gefühl von Ganzheit auch hierhin mitnimmst.

7. Begib Dich mit diesem Gefühl in die Beobachter-Position, schau und höre Dir an, was jetzt anders ist.

8. Komm noch einmal in die 4. Position und spüre diese Ganzheit so intensiv, wie es für Dich stimmt. Ich werde jetzt meine Hände lösen und Du kannst diese Übung auf Deine Art abschließen und diese Qualität mit in Deine Zukunft fließen lassen, so daß Du ganz leicht an diesen Zustand erinnert werden kannst, wenn Du der Person das nächste Mal wieder begegnest.

Die kleinen Tyrannen

Form: Übung ☒   Phantasiereise ☐

Ziel:
Eigene Anteile erkennen, Wahlmöglichkeiten entwickeln

Weitere Anwendungsmöglichkeiten:
Lösen alter Verstrickungen

Dauer:
25 Min.

Material:
Tagebuch

Anmerkung:
Als die kleinen Tyrannen bezeichnet Carlos Castaneda die Menschen, an denen uns etwas stört, die uns ärgern. Er meint, bei diesen kleinen Tyrannen können wir uns bedanken, denn sie zeigen uns etwas, was in uns noch nicht gelöst ist. Als drei ganz bekannte Möglichkeiten nennt er:

1. Diese Menschen tun etwas, was Du an Dir selber nicht leiden magst.

2. Diese Menschen tun etwas, was Du auch gerne machen würdest, es Dir aber nicht zugestehst.

3. Diese Menschen tun etwas, was Dich schon in der Vergangenheit an einer Dir wichtigen Person gestört oder geärgert hat, und Du überträgst die Gefühle.

Anleitung:
1. Nimm Dir Papier oder Dein Tagebuch und mache eine Liste von Mitmenschen, die etwas an sich haben, das Dich stört.

2. Beschreibe genau, was das Problematische und Störende ist.

3. Überprüfe Punkt für Punkt, was das mit Dir zu tun hat, was mit Dir in Resonanz geht und welche Lernchance für Dich darin verborgen ist.

4. Wähle jetzt eine dieser Situationen aus und nimm das Gefühl in Dir wahr, das diese Situation in Dir auslöst. Bringe es nach außen, indem Du es visualisierst. Schau Dir an, wo und wie es mit Dir verbunden ist, welche Form, Farbe und Konsistenz es hat.

5. Finde heraus, was es für eine Botschaft für Dich hat, was es Positives will in Deinem Leben.

6. Bitte Deinen kreativen Teil, dieses Gebilde so umzustrukturieren, daß es seine positive Absicht genausogut oder besser erledigen kann. Laß ihn darauf achten, daß diese neue Qualität mehr den Gefühlen entspricht, die Du in der Situation für angemessen hältst und die so besser zu Deinem normalerweise liebenswerten und gelassenen Selbst paßt.

7. Wenn es jetzt so verändert ist, daß es zu Dir paßt, dann nimm es wieder hinein an die Stelle, wo jetzt Platz ist und stelle sicher, daß es sich harmonisch ins Gesamtsystem einfügt.

8. Teste, was passiert, wenn Du jetzt an die Person denkst.

9. Stell Dir zukünftige Situationen vor, wo dieser neue Teil zum Einsatz kommt und Dich unterstützt.

Notizen

Feedback

Form: Übung 🗷 Phantasiereise ☐

Ziel:
Feedback geben und nehmen können

Weitere Anwendungsmöglichkeiten:
Kritik als Chance nutzen, Klarheit bei Rückmeldungen

Dauer:
20 Min.

Material:
–

Anmerkung:
Feedback ist ein Rückkopplungsprozeß, der es ermöglicht, die Auswirkungen von Verhalten aufzuzeigen und sie für die Veränderung und Feinabstimmung in Richtung Ziel der Kommunikation zu nutzen.

Bekannt ist die Sandwich-Technik, bei der Kritikpunkte zwischen zwei positive Rückmeldungen „eingepackt" werden.

Anleitung:
1. Bring Dich in einen ressourcevollen Zustand, in dem Du Dich sicher und frei fühlst und humorvoll die Feedbackregeln für den Geber anwenden kannst.

   Regeln für den Geber:
   ➤ *Klarheit über das Ziel,*
   ➤ *Kontakt und Nähe herstellen (Rapport),*
   ➤ *Person und Verhalten trennen (Person an sich ist o.k. – Verhalten war jedoch ...),*
   ➤ *Verhalten möglichst konkret ansprechen,*
   ➤ *darüber sprechen, was es bei mir auslöst (Ich-Botschaften),*
   ➤ *Alternativen, Wünsche, Möglichkeiten, Verbesserungen ansprechen.*

   Spüre diese Fähigkeit in Dir, wie sie ganz selbstverständlich zur Entfaltung kommt und ankere sie mit einer vorher von Dir festgelegten Geste oder Berührung, wenn das Gefühl am intensivsten ist.

2. Stell Dir eine Person vor, der Du in Zukunft Feedback geben möchtest und finde eine Möglichkeit, wie Du Dich erinnern wirst, vorher Deinen Anker zu lösen.

3. Bring Dich in einen ressourcevollen Zustand, in dem Du gut Feedback erhalten kannst und gelassen die Feedbackregeln für den Nehmer anwenden kannst. (VAKOG)

   Regeln für den Nehmer:
   ➤ *Zuhören (nicht gleich ins Wort fallen und rechtfertigen),*
   ➤ *Verständnisfragen stellen,*
   ➤ *überdenken, was Du davon annehmen kannst und willst,*
   ➤ *innerlich bedanken, daß es Menschen gibt, die Dir Rückmeldungen geben.*

4. Ankere diese Fähigkeit, wenn das Gefühl am intensivsten ist, mit Deiner Feedback-Geste. Stell Dir eine zukünftige Situation vor, in der Du Feedback erhältst und bitte Dein Unbewußtes, daß es Dich daran erinnert, in dieser Situation ganz automatisch Deinen Anker auszulösen.

Notizen

Selbst- und Fremdwahrnehmung

Form: Übung ☐   Phantasiereise ☒

Ziel:
Präsenz im Augenblick

Weitere Anwendungsmöglichkeiten:
Entspannung, Transzendenz

Dauer:
15 Min.

Material:
Musik: Oliver Serano, Minho valley fantasies

Anmerkung:

Solche Entspannungsübungen entfalten ihre Wirkung besonders gut, wenn man sie regelmäßig durchführt. Vor der Reise kann eine kleine Einführung über „Fremd- und Eigenwahrnehmung" den Gedanken eine Richtung geben.

Anleitung:

Mach es Dir an Deinem Platz jetzt ganz bequem, so bequem, daß Du die nächsten zehn Minuten so bleiben kannst. Nimm wahr, was Du noch verändern kannst, damit Du es bequem hast – was Du jetzt noch tun kannst, um loszulassen, um Dich für Dich nach innen zu orientieren und zu wissen, daß die Zeit jetzt Dir gehört. Und Du hast die Wahl, ob Du es auf die Art tust, auf die Du es normalerweise machst, oder ob Du Dich mitnehmen läßt von der Musik in einen Zustand von Entspannung und von Gelöstsein – ob Du Deinen eigenen Gedanken zu Selbst- und Fremdwahrnehmung nachhängst oder ob Du meiner Stimme lauschen magst und den Assoziationen, die sie bei Dir weckt. Und während Dein Körper sich ganz von allein entspannen kann – loslassen kann – ganz selbstverständlich und dieser Prozeß auch ohne Dein Zutun ganz von allein weiterlaufen kann – dies geschieht wie das Einatmen und das Ausatmen – kannst Du Kontakt mit dem Teil in Dir aufnehmen, der normalerweise dafür sorgt, daß Du in einer Situation ganz präsent bist und Du kannst ihn bitten, Dich in der folgenden Erfahrung zu unterstützen.

Gehe in Gedanken zum Beginn des heutigen Tages – erinnere Dich, wie für Dich heute der Tag begonnen hat – erlebe ihn noch einmal vollständig mit all dem, was für Dich wichtig war – mit seinen Höhen und Tiefen – aus Deiner Position heraus, indem Du aus Deinen Augen schaust, was Du heute gesehen hast und mit Deinen Ohren hörst, was Du heute gehört hast und wahrnimmst, wie Du Dich heute gefühlt hast. Beginne am Morgen, was es war, was Dich heute motiviert hat aufzustehen, wie der Tag begann und stell Dir vor, daß Du den Tag aus Deiner Position heraus vollständig erleben kannst – in Deinem Tempo – all die wichtigen Dinge und Situationen zu beleben. Nimm wahr, wie Du diese Situationen einge- schätzt hast – wie Du Deinen Tag für Dich innerlich interpretiert hast – was es war, was für Dich das Wichtige war – wie Du gehandelt und gedacht hast – und wie Du diesen Tag für Dich verarbeitet hast.

Nimm noch einmal einen tiefen Atemzug und laß auch das alles gehen – höre, wie Du mehr und mehr loslassen kannst. Dann nimm Kontakt mit dem Teil in Dir auf, der normalerweise dafür zuständig ist, daß Du Dich gut in andere Menschen einfühlen kannst und bitte ihn um die Zusammenarbeit für die nächste Erfahrung. Und dann schlüpfe in Gedanken in die Position eines Deiner Kollegen und erlebe den Tag aus dessen Position, indem Du aus seinen Augen schaust und mit seinen Ohren hörst und spürst, wie sich Dein Kollege gefühlt hat. Nimm wahr, wie der Tag für ihn begann und wie die Situation für ihn war, als Ihr beide zusammenge- troffen seid. Wie hat sich die Kommunikation für ihn dargestellt? Was ist für ihn wichtig? – aus seiner Position heraus – Wie nimmst Du hier wahr? – Wie erlebt er Dich? – Wie sieht er Dich? – Wie hört er Dich? – Laß diesen Tag weiterlaufen mit all dem, was wichtig ist für Deinen Kollegen – mit den Wahrnehmungen, die Dein Kollege oder Partner hat in bezug auf Dich – mit all dem, wie er es interpretiert und einschätzt – was die Beziehung zwischen Euch gestaltet. Und nimm auch hier wieder wahr, wie der Tag endet und laß die Position ausklingen – nimm einen tiefen Atemzug und mit dem Ausatmen laß sie gehen – laß sie los.

Und dann nimm Kontakt auf zu dem Teil, der normalerweise gut beobachten kann – der sich einen Überblick verschafft und einen guten Abstand zu den Dingen wahren kann und bitte ihn für diese Erfahrung zur Zusammenarbeit. Stell Dir vor, Du wärst ein unabhängiger Beobachter, der alles ganz genau wahrnehmen kann und der den Tag, mit allem, was dazugehört, von außen beobachten kann. Mach es Dir bequem und schau Dir an, wie der Tag von außen betrachtet aussieht – wie

Du sehen kannst, was Du heute gemacht hast – wie Du heute agiert hast – in Wechselwirkung mit Deiner Umgebung – im Zusammenspiel mit Deinen Kollegen und allein. Schau von außen auf diesen Tag und nimm wahr, was das Wichtige war – was für diesen Tag steht – was Du hören und sehen kannst – und wie es Dir dabei geht, wenn Du es von außen betrachtest. Was verändert oder verbessert werden kann – wo Du Dich mehr einlassen möchtest – wo Du mehr Distanz willst – und schließe auch das für Dich ab, indem Du mit einem tiefen Ausatmen diese Position gehen lassen kannst – loslassen kannst.

Und dann bitte diese drei Teile – diese drei Positionen – zu einer Konferenz zusammen – einer Konferenz, wo es darum geht, in Balance zu kommen und sich gegenseitig als Team zu stützen und zu stärken. Bitte diese drei Anteile an einem schönen Ort zusammen und laß jeden von ihnen erst einmal seine Aufgabe erläutern. Laß Dich überraschen, welche Antworten jetzt kommen. Welche Aufgabe jeder dieser drei Anteile für sich und für Dich verwirklichen will. Und Du kannst darauf achten, daß jeder dieser Anteile zu seinem Recht kommt – seinen Raum erhält – seine Zeit und daß diese Atmosphäre getragen wird von Respekt und von der Würdigung der Einzigartigkeit und der Gleichberechtigung dieser Anteile. Du hast die Möglichkeit zu unterstützen oder einfach nur geschehen zu lassen. Du kannst beobachten oder vielleicht auch hilfreich eingreifen, daß diese Anteile zu einem Team werden – zu einem Team, das sich gegenseitig informiert – das durch diese Zusammenarbeit an Flexibilität und Realitätsbezug gewinnt – und das eine ganz neue Qualität der Ausgewogenheit in Dir herstellen kann. Nimm wahr, daß Du nichts dazu tun mußt, daß diese drei Teile für sich in Balance kommen und in Ausgewogenheit diese Qualität kreieren. Und Du hast die Möglichkeit, ein Zeichen zu vereinbaren, daß Du wahrnehmen kannst, welche dieser Positionen im Moment die geeignete ist, so daß Du Dich in der Zukunft darauf verlassen kannst, daß je nach Situation und angemessen an den Kontext genau der Teil in den Vordergrund tritt, der die wesentlichen Informationen und den richtigen Zustand für diese Situation hat, so daß Du angemessen – flexibel – für Dich stimmig – reagieren kannst. Und bitte Dein Unbewußtes, daß es die Zusammenarbeit im Traum fördert, daß dies von allein mehr und mehr Raum in Deinem Leben finden kann.

Und schließe das dann für Dich ab, indem Du ganz mit Deiner Aufmerksamkeit hierher zurückkommst und spürst, daß Du ganz entspannt und erfrischt sein kannst. Und was Du gerne tun möchtest, um ganz wach und neugierig hierher zurückzukommen – Dich wieder dem zuzuwenden, was Du jetzt tun willst.

Übungs-Spectrum

– Kommunikation –

- ➤ Etwas in neuem Licht sehen
- ➤ Die vier Positionen
- ➤ Die kleinen Tyrannen
- ➤ Feedback
- ➤ Selbst- und Fremdwahrnehmung
- ➤ Lichtkreis (1)[*]
- ➤ Ich habe Recht (1)
- ➤ Phantasiereise ins All (2)
- ➤ Friedensvision (2)
- ➤ Drei Positionen (3)
- ➤ Organigramm (3)
- ➤ Situationsanalyse (3)
- ➤ Mein erstes Team (3)
- ➤ Frieden schließen (3)
- ➤ Umgang mit Kritik (4)
- ➤ Der Standard-Swish (4)

[*] Es handelt sich hierbei um Hinweise auf Übungen in anderen Büchern – siehe dazu im Anhang Seite 257.

> Im Interessenkonflikt vermitteln (5)
> Die „7. Himmel-Physiologie" (5)
> Meta-Mirror nach R. Dilts (5)

Hausaufgaben:
> Rapport – klassisch (1)
> Aktives Zuhören (1)
> Wahrnehmungsebenen erkennen (4)
> Den eigenen Wahrnehmungstyp erkennen (4)

Kongruenz

Wegweiser

Einstimmung – Kongruenz

Charisma ist die Fähigkeit, Menschen zu bezaubern. – N. Enkelmann

Grundlage für Charisma ist Kongruenz.

Kongruenz entsteht, wenn unser Denken, unsere Sprache und unser Handeln in sich verbunden und stimmig sind. Das Gegenteil von Kongruenz ist Inkongruenz; hier stehen Denken, Sprache und Handeln in Widerspruch und tragen einen inneren Konflikt aus.

Innere Konflikte bringen das eigene System in Unruhe. Sie ergeben sich zwischen verschiedenen Zielen, Werten, Glaubenssätzen, Wünschen und Erwartungen. Konflikte beginnen, wenn mindestens zwei Teile darauf bestehen, ihre unterschiedlichen und gegensätzlichen Ziele aufrechtzuerhalten oder sich nicht berücksichtigt finden. Sie lassen uns dann innerlich nicht klar sein, und es fällt uns schwer, deutliche Entscheidungen zu treffen oder zielstrebig zu handeln.

NLP geht davon aus, daß der Mensch aus vielen Persönlichkeitsteilen besteht. Jeder Teil hat oder hatte für uns einen positiven Nutzen, verfolgte sein eigenes Ziel und hat seine eigenen Absichten. Die einzelnen Anteile in uns stehen auch für unterschiedliche Werte, Glaubenssätze, Interessen und Wünsche. Wir sind all diese Teilpersönlichkeiten und drücken das in unserem Verhalten aus. Stimme, Inhalt und Körpersprache wirken stimmig, wenn sie miteinander verbunden sind und eine innere Harmonie bilden. Wenn Anteile miteinander in Konflikt sind, ist das durch Inkongruenz für andere sicht- und hörbar und kann beim Zuhörer leicht das Gefühl von Verwirrung oder Verunsicherung hervorrufen. Der Körper lügt nie. Wer kennt nicht diese Situation, wo der Mensch zwar „ja" sagt, aber der Körper ganz eindeutig „nein" ausdrückt. Diese körpersprachlichen Mitteilungen haben mehr Gewicht und stehen näher an dem, was der Gesprächspartner wirklich denkt. Nur wenn ein Zustand kongruenter Ausstrahlung und Echtheit da ist, wird auch die Körpersprache überzeugen, werden die non-verbalen Signale dazu beitragen, die inhaltlichen Aspekte des Gesagten zu unterstützen. Doch Inkongruenzen sind nicht nur anderen sicht- und hörbar, sondern vor allem für den Betroffenen selbst spürbar.

Wer kennt das? An einem schönen Tag am Schreibtisch sitzen, aus dem Fenster schauen und sich innerlich sagen: Eigentlich müßte ich dieses schöne Wetter nutzen, um an die Luft zu gehen und mich zu bewegen. Ein Teil der Aufmerksamkeit befindet sich nicht bei der Arbeit, sondern im Wald.

Wenn man dem Wunsch schließlich nachgibt und im Wald spazierengeht, dann kann es sein, daß man nicht den Wald genießt, dieses wunderbare Wetter und die Zeit, um zu entspannen, sondern sich während des gesamten Spazierganges Sorgen und Gedanken macht über die Arbeit, die zu Hause auf dem Schreibtisch liegengeblieben ist.

Ein Teil der Aufmerksamkeit befindet sich nicht beim erholsamen Spaziergang, sondern sitzt am Schreibtisch.

In diesem Beispiel gibt es zwei Persönlichkeitsanteile, die beide ganz unterschiedliche positive Absichten für die Person haben und die nicht in Balance und in zeitlicher Absprache miteinander agieren, sondern beide gleichzeitig zu ihrem Recht kommen wollen. Der eine Teil möchte für Entspannung, Erholung, Regeneration sorgen, er ist darum bemüht, Schönheit zu erleben und zu nutzen, und der andere ist darum bemüht, zuverlässig zu arbeiten, um erfolgreich zu sein, die Dinge zu erledigen, die zu erledigen sind.

Egal, was man tut, es macht keine richtige Freude, da man nur mit einem „Teil" seiner Aufmerksamkeit dabei ist. Die einzelnen Anteile der Persönlichkeit sind nicht miteinander abgestimmt, sondern verfolgen unterschiedliche Absichten.

Grundgedanke bei diesem Teilemodell ist, daß, wenn jeder Teil seine Aufmerksamkeit und Würdigung erfährt, alle Persönlichkeitsanteile in Harmonie und in Balance sind. Dies nennen wir Kongruenz.

Konflikte sind prinzipiell eine alltägliche und normale Erscheinung. So können sie z.B. eine sehr nützliche Funktion haben, indem sie Lernprozesse anregen, Impulse für Veränderungen setzen und Entwicklungsschritte ermöglichen. Gerade bei anstehenden Lern- und Veränderungsprozessen sind alle Teile der Persönlichkeit zu berücksichtigen. Das System Mensch mit all seinen Teilpersönlichkeiten bewegt sich, verändert sich permanent und ist ganz selten in einem vollkommenen inneren Gleichgewichtszustand miteinander verbunden. Bei persönlichen Veränderungs- prozessen und angestrebten Zielen gilt es, alle beteiligten Anteile in Verbindung zu bringen, eine gemeinsame Kommunikation herzustellen, in der es möglich ist, sich auszutauschen, sich über die Interessen und Absichten zu informieren, zu respek- tieren, sich zu versöhnen, miteinander zu einigen und sich gemeinsam auszurichten.

„Selbstbejahung bedeutet, Dich selbst und Deine Lebensführung anzunehmen und Dich als einmalige Persönlichkeit zu bejahen. Ja zu Dir selbst zu sagen heißt, daß Du Dich und all Deine Teile annehmen kannst und alle Handlungen Kontakt zu Deinem eigenen Herzen haben und Du Dir selbst ein guter Freund bist. " – Jane Roberts

Dein älteres Selbst befragen

Form: Übung ☐   Phantasiereise ☒

Ziel:
Lebensfragen klären

**Weitere
Anwendungsmöglichkeiten:**
Entspannung, Zugang zum Unbe-
wußten

Dauer:
20 Min.

Material:
Musik: Peter Kater, How the west
was lost

Anmerkung:
*Bei innenliegenden Konflikten ist es wichtig, zuzuhören, sich selber, seinen Intuitionen,
seinen eigenen Antworten zu trauen und wahrzunehmen, was es ist, was als Antwort
in Frage kommt – was möglich ist.*

Anleitung:
Setz Dich bequem hin, so daß Du für einige Augenblicke so sitzen bleiben kannst
und nimm wahr, was Du noch verändern kannst, um für einige Zeit ruhig und
gelassen hier sitzen zu können. Du hast wie immer die Wahl, ob Du Deinen
Gedanken nachhängen magst oder ob Du meiner Stimme lauschen magst und all
den Assoziationen, die sie bei Dir weckt. Und Du weißt, daß Du heute Kontakt mit
Deinem älteren Selbst aufnehmen kannst und ihm die Fragen stellen kannst, die
Dich im Moment bewegen.

Nimm einen tiefen Atemzug und laß ganz bewußt all die Muskeln los, die Du jetzt
nicht brauchst. Vielleicht fühlst Du Dich dadurch ein wenig schwerer oder wärmer
oder einfach nur entspannt. Und während Dein Körper sich von ganz allein
loslassen wird, kannst Du Dich auf die Reise begeben zu Deinem älteren Selbst.

Nur Du weißt, wie und wo es lebt – ob es in einer Stadt zu Hause ist, oder auf dem Land. Wohnt es an einem Meer oder in den Bergen – wie ist das Klima, was ist besonders an diesem Ort, so daß Du weißt, daß dies Dein Zuhause ist. Schon sehr neugierig triffst Du Dich nun am verabredeten Platz mit Deinem älteren Selbst. Du bist im ersten Moment etwas überrascht, wie jung es auf Dich wirkt, denn Du weißt, daß es schon sehr alt ist und sein erfolgreiches und interessantes Leben gelebt hat. Wie lustvoll man sich noch in hohem Alter bewegen kann, wird Dir bei seinem Erscheinen klar, und Du freust Dich auf die Zeit mit dieser schönen und vitalen Person. Dieser würdevolle und in sich ruhende Eindruck verstärkt sich durch die klare und kraftvolle Stimme, mit der Du jetzt begrüßt wirst. Und Du kannst jetzt die Gelegenheit nutzen, um Deinem Selbst dafür zu danken, daß es heute schon für Dich da ist und nicht erst in der Zukunft auf Dich wartet.

Nimm diesen liebevollen Kontakt zwischen Euch wahr und stelle nun die Fragen, die Du heute in bezug auf Dein Leben hast – was ist es, was Du gerne wissen möchtest. Laß Dich überraschen, was Du als Antwort erhältst und sei offen für unterschiedliche Hinweise. Die Weisheit Deines älteren Selbst kann Dir auf ganz unterschiedliche Arten klar werden. Bedanke Dich auf Deine Weise für die Unterstützung, und vielleicht wollt Ihr noch ein wenig miteinander philosophieren oder ein wenig Zeit in Ruhe zusammen genießen – Du kannst genau das tun, was jetzt für Dich stimmt. Wenn Du Lust hast, kannst Du Deinem Selbst etwas schenken und Dich dann für heute verabschieden. Und mit dem, was für Dich bei dieser Begegnung wichtig war, komm wieder hierher zurück – zurück in diesen Raum – mit Deiner Aufmerksamkeit ganz hierher und mache eine Bewegung, die Dich vollständig wach werden läßt.

Notizen

Zwei Glaubenssätze versöhnen

Form: Übung ⊠   Phantasiereise ☐

Ziel:
Zwei widersprüchliche Glaubenssätze versöhnen

Weitere Anwendungsmöglichkeiten:
Ressourcen in die eigene Biographie bringen

Dauer:
30 Min.

Material:
Bodenanker (farbig), Wollfaden (farbig)

Anmerkung:
Schön ist es, die innere Timeline und deren Verlauf, Farbe, Klang etc. zu kennen.

Anleitung:
1. Benenne die zwei sich widersprechenden Glaubenssätze und schreibe sie auf zwei Bodenanker.

2. Lege Deine Timeline auf den Boden mit dem Faden in Deiner Farbe aus und etabliere eine Metaposition, von der aus Du einen guten Überblick hast.

3. Bewege Dich nun mit dem ersten Glaubenssatz auf Deiner Zeitlinie rückwärts bis zur Ursprungssituation, in der dieser Glaubenssatz entstanden ist. Lege dort Deinen Bodenanker aus.

Begib Dich von dieser Stelle in die Metaposition, würdige die Erfahrung und schau Dir an, was alles dazu geführt hat, daß Du diesen Glaubenssatz entworfen hast.

4. Wenn Du alle Informationen hast, beginne wieder in der Gegenwart und wiederhole dies für den Glaubenssatz zwei. Auch hier wieder aus der Metaposition

alle notwendigen Erfahrungen sammeln, die dazu geführt haben, diesen Glaubenssatz zu bilden.

5. Schau nun aus der Metaposition diese beiden Erfahrungen an und die daraus gewonnenen Glaubenssätze und Überzeugungen, nimm die Verbindung wahr und wie sie sich aufeinander beziehen. Nimm aus dieser Position wahr, was alles wichtig ist, was an Ressourcen gefehlt hat und was Du jetzt eventuell noch mit dazugeben möchtest, um die Situationen beider zu verändern und zu bereinigen.

6. Finde einen neuen Glaubenssatz, indem Du aus der Metaposition heraus diese beiden Erfahrungen mit Licht und Farbe füllst, mit Klang und Symbolen, und laß sie zu miteinander verbundenen Licht-und Klangkörpern werden. Laß Dich überraschen, welche Farben und welches Licht, welcher Klang für Dich dazu paßt, diese beiden Erfahrungen miteinander zu verbinden und Möglichkeiten zu schaffen, wie diese Erfahrungen und die daraus resultierenden Glaubenssätze miteinander harmonieren können.

Finde einen neuen Glaubenssatz, der zu diesem Energiegebilde paßt und der die positiven Aspekte oder positiven Absichten der beiden alten Glaubenssätze integriert.

7. Wenn Du diese Energiegestalten gefunden hast, dann begib Dich auf Deine Timeline, direkt in die ältere dieser beiden Erfahrungen und schau von da aus mit all den Untereigenschaften, die Du kreiert hast, mit all dieser Energie diesem Licht- und dem Klangstrahl nach, wie er auf Deiner Zeitlinie verbunden ist mit der anderen Lebenserfahrung und dem anderen Glaubenssatz. Laß Dich unter Mitnahme der Licht- und Farbqualität des Klanges und der Energie einfach auf Deiner Zeitlinie nach vorne treiben, bis Du zu der späteren Erfahrung kommst, so daß Du die Verbindung körperlich spüren und integrieren kannst. Nimm diese gesamte Energie mit bis in Deine Gegenwart und mach von hier aus einen Rückblick, indem Du beide miteinander vernetzt, verwoben, verschmolzen, in Verbindung siehst und diese Verbindung auch spüren kannst – diese neue Qualität.

8. Mach einen Future Pace, so daß Du wahrnehmen kannst, was sich in Deiner Zukunft verändert, indem Du diese Qualität wieder als Licht, als Energie, als Klang mit in Deine Zukunft fließen läßt.

Teile-Konferenz

Form: Übung ☒ Phantasiereise ☐

Ziel:
Persönlichkeitsteile in Balance bringen

Weitere Anwendungsmöglichkeiten:
Widersprüchlichkeiten akzeptieren, in Harmonie sein

Dauer:
30 Min.

Material:
–

Anmerkung:

Diese Übung kann man gut mit Humor verbinden, weil in einer zwanglosen Atmosphäre manchmal leichter Lösungen gefunden werden.

Anleitung:

1. Schließe einen Moment die Augen und orientiere Dich nach innen. Lade alle am Problem beteiligten Persönlichkeitsanteile zu einer imaginären Besprechung.

2. Beginne mit einem Blitzlicht. Wer sind die Anteile? Warum sind sie da? Was erhoffen sie sich von diesem Treffen? Jeder Teil stellt seine positive Absicht vor.

3. Stell Dir vor, alle Teile würden zusammen ein Wandplakat entwerfen, auf dem jeder seine positive Absicht einträgt. Wie können diese Absichten in einem Bild zusammenfließen?

4. Laß die Teile einen Weg finden, wie jeder zu seinem Recht kommt und alle in Balance zusammenarbeiten. Möglicherweise entsteht ein neuer Plan, wie sowohl zeitlich, als auch energetisch Ausgewogenheit entstehen kann.

5. Achte darauf, daß alle Teile mit der Lösung einverstanden sind und bedanke Dich für die Zusammenarbeit.

6. Bitte alle Teile, Verantwortung dafür zu übernehmen, daß der Plan, die Idee in den nächsten vier Wochen umgesetzt wird. Verabredet ein Zeichen, um Eure Zusammenarbeit zu festigen.

7. Komm mit Deiner Aufmerksamkeit wieder nach außen.

Notizen

Ich bin

Form: Übung ⊠   Phantasiereise ☐

Ziel:
Kongruenz

Weitere Anwendungsmöglichkeiten:
Versöhnung mit den Eltern

Dauer:
40 Min.

Material:
Tagebuch, zwei Textmarker in unterschiedlichen Farben

Anmerkung:
–

Anleitung:

1. Beginne alle Sätze mit „Ich bin ..." und notiere Dir in den nächsten fünf Minuten schnell und ohne nachzudenken, was Dir dazu einfällt.

2. Denke an Deine Eltern und beginne alle Deine Sätze mit
„Meine Mutter denkt, ich bin ..." (drei Min.) und danach
„Mein Vater denkt, ich bin ..." (drei Min.)

3. „Meine Mutter möchte, daß ich ... bin." (zwei Min.)
„Mein Vater möchte, daß ich ... bin." (zwei Min.)

4. „Meine Mutter will für mich ..." (positive Absicht)
„Mein Vater will für mich ..." (je zwei Min.)

5. Wähle je eine Textmarker-Farbe für Mutter und eine für Vater und markiere in dem Text, was Du über Dich denkst, was von wem stammt. Was von dem willst Du weiterhin über Dich denken, was findest Du nicht mehr zeitgemäß und möchtest Du verändern?

6. Bedanke Dich innerlich bei Deinen Eltern, daß sie Dir die Grundlage dafür geboten haben, so zu werden, wie Du heute bist.

7. Stell Dir die Glaubenssätze, die nicht mehr zeitgemäß sind, vor und verpacke sie in Licht und Farbe, gib sie mit der kosmischen Post auf, so daß sie via Universum dahin gelangen können, wo sie vielleicht gebraucht werden.

8. Finde aktuelle, angemessene, neue Vorstellungen, die diesen freigewordenen Platz ausfüllen werden.

Notizen

Ich mag mich

Form: Übung ☒ Phantasiereise ☐

Ziel:
Ganzheit

Weitere Anwendungsmöglichkeiten:
Entspannung, Selbstannahme

Dauer:
20 Min.

Material:
Tagebuch

Anmerkung:

Die Meditation entfaltet ihre volle Wirkung, wenn sie täglich mindestens drei Wochen durchgeführt wird. Nach drei Wochen solltest Du Deine Unterlagen sichten und für Dich auswerten.

Anleitung:

1. Setze Dich bequem hin, so daß Du Deine Wirbelsäule gerade ausrichten kannst. Wiederhole während der gesamten Meditation von elf Minuten abwechselnd die Sätze „Ich bin ich" und „Ich mag mich".

Immer wenn Gedanken auftauchen, akzeptiere sie, lasse sie wieder los und beginne wieder mit „Ich bin ich".

2. Notiere Dir Deine Gedanken und Erlebnisse.

„Schuldscheine" begleichen

Form: Übung ☒   Phantasiereise ☐

Ziel:
Energie zurückgewinnen

**Weitere
Anwendungsmöglichkeiten:**
Versöhnung

Dauer:
30 Min.

Material:
Schreibzeug

Anmerkung:

„Warum sprichst Du ständig von meinen früher begangenen Fehlern?" fragte der Ehemann. „Ich dachte, Du hättest sie vergeben und vergessen."
„Ich habe tatsächlich vergeben und vergessen" antwortete die Ehefrau, „aber ich möchte sicher sein, daß Du nicht vergißt, daß ich vergeben und vergessen habe." – Anthony de Mello

Anleitung:

1. Erstelle eine Liste von Menschen, die Dir etwas angetan haben, wo Du das Gefühl hast, Du hast noch einen Schuldschein offen.

2. Nimm bewußt wahr, was Dir die Genugtuung bringt, heute noch daran festzuhalten und ob Du das so brauchst, woran es Dich hindert, wofür es Dir nützt.

3. Mache eine Liste von den Menschen, denen Du etwas angetan hast und die „Schuldscheine" von Dir haben. Nimm wahr, was diese Unterlegenheit für Dich bedeutet, woran sie Dich hindert und wofür sie Dir nützt.

4. Unterscheide „Schuldscheine"

> a) wo Du weiterhin auf Ausgleich hoffen willst;

> b) die Du mit den betreffenden Personen direkt klären möchtest;

> c) die Du loslassen möchtest.

5. Finde aus den nützlichen Aspekten heraus, ob und wie Du diesen Vorteil für Dich in Zukunft verwirklichen möchtest. Kreiere mit Deinem kreativen Teil neue Wege und Möglichkeiten, um diese positive Absicht sicherzustellen.

„Schuldscheine" loslassen bedeutet, alle Ansprüche aufzugeben und innerlich zu verzeihen. Mache ein kleines Ritual, indem Du den „Schuldschein" schreibst, innerlich verzeihst, dies laut sagst oder aufschreibst und dann den „Schuldschein" zerreißt oder verbrennst.

Notizen

Übungs-Spectrum

– Kongruenz –

- ➤ Dein älteres Selbst befragen
- ➤ Zwei Glaubenssätze versöhnen
- ➤ Teile-Konferenz
- ➤ Ich bin
- ➤ Ich mag mich
- ➤ „Schuldscheine" begleichen
- ➤ Das Körpergedicht (1)[*]
- ➤ In Fluß sein (1)
- ➤ Feueratem (1)
- ➤ Neue Möglichkeiten finden (2)
- ➤ Deinen inneren Kritiker wertschätzen (2)
- ➤ Selbstwert (2)
- ➤ Dein inneres Kind lieben (2)
- ➤ CORE-Trance (2)
- ➤ Moment of Excellence (3)
- ➤ Meditation zur Zentrierung (3)

[*] Es handelt sich hierbei um Hinweise auf Übungen in anderen Büchern – siehe dazu im Anhang Seite 257.

- Integration zweier dissoziierter Physiologien (4)
- Bedeutungsreframing (4)
- Kontextreframing (4)
- Six-Step-Reframing (4)
- Verhandlungsmodell (4)
- Reframing in Trance (5)

Hausaufgaben:

- Quell-Trance (1)
- Meditation
- Herausforderungen annehmen: Sich präsentieren – suche bewußt Situationen auf, in denen Du Dich und Deine Meinung vorstellen kannst

Zeit

Wegweiser

Einstimmung – Zeit

Eine Zeit erscheint einem immer sehr lang, wenn man wartet. In der Autoschlange, darauf, daß man bedient wird, auf die Prüfung, auf die Ferien, auf den Feierabend oder auf etwas, wonach Du Dich sehnst oder wovor Du Angst hast in der Zukunft. Denen, die es wagen, sich dem gegenwärtigen Augenblick auszusetzen und jetzt und hier zu leben, mit keinem Gedanken an die Zukunft, mit keinem Verlangen nach der Vergangenheit, mit keinem Wunsch, daß die Vergangenheit wiederkehrt oder daß Du in Zukunft verschont wirst, für denjenigen wird die Zeit zum Erstrahlen der Ewigkeit.

Man kann Zeit weder sparen noch speichern noch vermehren, man kann Zeit, die verloren gegangen ist, nicht wiedergewinnen, und wenn sie einmal vorbei ist, dann ist es zu spät. Es gibt unterschiedliche Empfindungsweisen zur Zeit, gut empfundene Zeit vergeht schnell, Zeit, in der wir warten, oft quälend langsam. Und jeder kennt auch die genialen Momente, wo wir in zwei Stunden mehr erreichen als an einem ganzen Tag.

Auf den ersten Blick erscheint es sinnvoll zu sein, die Zeit zu planen, einzuteilen, zu managen, dem Tag eine Struktur zu geben und zu überlegen, wie man ihn am effektivsten nutzen kann. Wie aber die meisten aus sehr schmerzvoller Erfahrung kennen, hat der Tag einfach nur 24 Stunden, und egal, wie man sie verplant und strukturiert und wie genau man versucht, jede Sekunde und jede Minute effektiv zu nutzen und auszufüllen, um so weniger Zeit scheint zu bleiben für die wichtigen Dinge im Leben. Die wichtigen Dinge können von jedem unterschiedlich benannt werden, jedoch wird oftmals Zeit-für-sich-Haben und Ruhe-Haben als ein wesentliches Merkmal von Lebensqualität benannt. Zeit scheint eine große Bedeutung zu haben und eine große Macht in unserem Leben. Viele Menschen leben einen Alltag in Hetze, in einem rasanten Tempo, das wenig Zeit läßt für Muße, für Ruhe, für Entspannung und Nichtstun. Daraus resultierend ist Erschöpfung schon zu einem nationalen Zustand geworden, und der Zulauf bei Entspannungstechniken und -kursen, die Streßbewältigung und Loslassen versprechen, ist enorm groß. Schon als Kinder lernen wir, mit dem Kalender, mit der Uhr unsere Tage und unsere Freizeit zu verplanen. Und nicht wir entscheiden, was wichtig ist, sondern andere. So gewöhnen wir uns schon früh daran, daß Zeit fremdbestimmt ist.

Für die meisten Erwachsenen bedeutet Planen und Zeitmanagement nicht nur ihre Arbeitszeit – die ca. ein Drittel ihres Tages einnimmt – zu verplanen, sondern auch ihre Freizeit bis in die letzte Minute hin durchzuplanen, um dann abends todmüde ins Bett zu fallen. Ein Leben in diesem Tempo kann auf die Dauer nur erschöpfen und wird oft nur unterbrochen von Wochenenden oder Wochen depressiven Nichtstuns, der völligen Apathie oder von durchgeplanten Erlebnisurlauben, die keinen Moment der Ruhe gestatten. Freizeit, die durchgeplant und durchstrukturiert ist, ist keine Entspannung, sondern weitere Arbeit. Nur Zeiten der Muße dienen der Entspannung und dem Loslassen und bringen die Balance von Aktivität und Ruhe wieder ins Leben zurück. Zeit scheint zu einer seltenen Ware geworden zu sein, die es wie eine Kostbarkeit einzuteilen und behutsam zu behandeln gilt. Oft wird Zeit so behandelt wie eine konstante, objektiv meßbare Größe, und doch kennen wir alle die Dehnbarkeit von Zeit.

Klassisches Zeitmanagement zielt darauf ab, die Zeit zu beschleunigen. Obwohl Effektivität und Leistungsfähigkeit als Ziel benannt werden, so ist eigentlich die Geschwindigkeit und die Erhöhung derselben damit gemeint.

Etwas besser zu machen, bedeutet meistens auch, es schneller zu machen, damit noch mehr Dinge und noch mehr Aufgaben in noch weniger Zeit erledigt werden können. Wenn wir nun den Grundgedanken aufgreifen, daß Zeit etwas sehr Persönliches ist und Zeitempfinden eine ganz subjektive Größe, dann kann Zeitmanagement bedeuten, die subjektiv empfundene Zeit zu verlängern. Dann kann Zeitmanagement mit Hilfe von NLP bedeuten, das Zeiterleben zu dehnen, mehr Raum zu schaffen, in dieser Zeit zu überlegen, in Ruhe zu entscheiden und Zeit zu haben, all die wichtigen Dinge zu erledigen, die wir erledigen wollen. Dies bedeutet jedoch eine vollständige Einstellungsänderung: Weg vom gehetzten Manager mit überfülltem Terminkalender, weg auch von der Vorstellung „Nur wer gehetzt wirkt, wer sich immer beeilen muß, wer keine Zeit hat, scheint wichtig zu sein, scheint unabkömmlich zu sein." – Hin zu Gelassenheit und Ruhe, Muße und dem subjektiven Gefühl, aus der Fülle von Zeit heraus entscheiden zu können. Zeitmanagement wird dann zu Zustandsmanagement, erfährt eine deutliche Verschiebung hin von der Verplanung der Zeit als einer realen Größe hin zu einer inneren Wandlung, zu einem Handeln aus Gelassenheit und daraus resultierend einer Veränderung der Prioritäten. Für die Gesundheit wird dies eine günstige Veränderung sein, denn aus diesem Wechsel von Aktivität und Ruhe kann eine innere Balance entstehen, die ein Leben ohne Herzinfarkt in relativer Gesundheit und Ausgeglichenheit gewährleistet.

Seit einiger Zeit ist es in Mode, sich zu überprüfen: Welche Ziele habe ich, welche Werte, welche Prioritäten setze ich und wie setze ich diese täglich in Handeln um? Das führt ganz oft dazu, daß manche Menschen ihre Zeit wundervoll verplant haben und auch nur noch effektive und wichtige Dinge erledigen, die sie für sich als Prioritäten gesetzt haben. Oftmals bleibt dabei der zwischenmenschliche Kontakt auf der Strecke, das Menschliche, die Lebensqualität, das Miteinander, das, was sich erst einmal nicht in Zahlen und Resultaten ausdrücken läßt, was aber die Beziehung lebendig und den Kontakt aufrechterhält und somit Grundlagen schafft, Bedürfnisse zu erfüllen, spontan zu reagieren, sich aufeinander zu verlassen.

Manche Menschen verbringen jedoch acht Stunden am Tag mit relativ unwichtigen Dingen, die dringend sind. Diese Dinge bestehen darauf, daß wir sofort handeln, und manchmal verbringt man seine ganze Zeit damit, Krisen zu schlichten oder aufzuarbeiten, was liegengeblieben ist. Und wenn wir dann unsere gesamte Zeit damit verbracht haben, so wichtige und drängende Sachen zu bearbeiten, dann erscheint es uns auch ganz legitim, einmal ein wenig herumzutrödeln und einige nicht so wichtige Anrufe zu machen und ein wenig von rechts nach links zu räumen. Wesentlich dabei ist, daß ganz oft bei dieser Art von Zeitplanung und Krisenmanagement die wichtigen Beziehungsaspekte zu kurz kommen. Dies hat etwas damit zu tun, daß wir auf die dringenden Dinge reagieren, *sie* sozusagen bei uns anklopfen, die wichtigen Dinge, die jedoch nicht dringend sind, erfordern von *uns* Aktivität, dazu müssen *wir* selbst in Gang kommen und etwas unternehmen. Sollte sich im Coaching nun herausstellen, daß jemand nur damit beschäftigt ist, als Krisenmanager Feuerwehr zu spielen, dann könnte sich auch herausstellen, daß derjenige seine Zeit überwiegend problemorientiert verbringt und sich von Terminen und außengeleiteten Notwendigkeiten treiben läßt.

Damit bedeutet Zeitmanagement nicht, die Zeit einzuteilen und Prioritäten zu setzen, sondern sich darüber klarzuwerden: Was will ich? Welches sind die wichtigen Aktivitäten, die zu meinem Ziel führen werden? Das heißt nicht nur die

Zeit zu managen, sondern sich selbst. Dies bedeutet auch manchmal, klar nein zu sagen zu den Wünschen und Forderungen anderer Menschen. Das bedeutet nicht so sehr, nur Zeit zu verplanen, sondern eine Veränderung von Selbstbewußtsein und Selbstwert. Somit kann effektives Zeitmanagement tatsächlich zu einer Persönlichkeitsveränderung, zu einer Veränderung oder Erweiterung im Selbstbild oder Selbstwert werden.

Das heißt, wir müssen uns wieder mit uns selbst beschäftigen, die eigenen inneren Rhythmen finden, wahrnehmen, daß Zeit eine innere Dimension ist und Vertrauen entwickeln in das eigene Gespür für Wichtiges. Meistens arbeiten wir gegen die Zeit, indem wir uns beeilen, uns nach der Uhr richten, unsere Listen abhaken und noch weitere Aktivitäten in unsere Terminkalender quetschen. Wir warten heute selten auf den richtigen Moment, obwohl viele ein sehr gutes Gespür für die richtige Zeit und den richtigen Augenblick einer Aktivität haben. Sich der eigenen Intuition hingeben und mit der Zeit arbeiten bedeutet, nicht gegen den Strom zu schwimmen, sondern loszulassen und den Ereignissen ihren eigenen Rhythmus zu belassen. Wer kennt es nicht, das wunderbare Gefühl, völlig koordiniert genau zur richtigen Zeit am richtigen Ort zu sein, mit den richtigen Menschen zusammenzutreffen und das Richtige zu sagen und zu tun.

Im Vertrauen auf die eigene Intuition entsteht die Klarheit, im entscheidenden Moment zu handeln. Ein Wechsel von Aktivität und Ruhe kann dazu führen, die innere Balance wiederherzustellen. Es sollte ganz bewußt auf Zeiten der Ruhe und der Muße wertgelegt werden, z.B. mit einer Meditation oder mit ganz bewußt eingeplanten Pausen. Dies führt zur Wahrnehmung des eigenen inneren Rhythmus und der Möglichkeit, koordinierter mit den Anforderungen der Gegenwart umzugehen. Das heißt, auf die eigene Lebenszeit zu achten und auf die eigene Lebensqualität. Wenn die Ziele und die Visionen stimmen, dann wird eine Ausrichtung auf die wichtigen Dinge im Leben ganz natürlich entstehen.

Das wird dazu führen, sich öfter darauf einzulassen, in Harmonie mit dem Universum zu handeln und den Zustand von Quelle, von Sinn, von Geborgensein zu erleben.

„Jeder Zustand, jeder Augenblick ist von unendlichem Wert, denn er ist der Repräsentant einer ganzen Ewigkeit." – Johann Wolfgang von Goethe

Zeit verlangsamen

Form: Übung ☒   Phantasiereise ☐

Ziel:
Einfluß auf das subjektive Zeiterleben nehmen

**Weitere
Anwendungsmöglichkeiten:**
Reaktionssekunde verlängern,
Schlaf

Dauer:
20 Min.

Material:
–

Anmerkung:

Zeit ist eine ganz wesentliche innere Dimension, um Sicherheit und Orientierung in unserem Leben zu gewährleisten. Alle Experimente mit der Zeit sind behutsam und sehr vorsichtig durchzuführen und sollten immer damit enden, den Anker für die *Normalzeit* in der Mitte der Brust zu berühren.

Man kann diese Übung auch dafür nutzen, die Zeit zu beschleunigen oder zu normalisieren.

Anleitung:

1. Finde eine positive oder neutrale Situation, in der Du subjektiv das Gefühl hattest, daß die Zeit sehr langsam verging, z.B. warten auf etwas Angenehmes und finde die Submodalitäten heraus und ankere dieses Gefühl durch Berührung in Deiner linken Armbeuge (VAKOG).

– Separator –

2. Finde eine positive Situation, in der Du das Gefühl hattest, daß die Zeit schnell verging. Finde die Submodalitäten heraus und ankere dieses Gefühl in Deiner rechten Armbeuge (VAKOG).

– Separator –

3. Finde eine positive Situation, in der die Zeit normal verlief, finde die Submodalitäten heraus und ankere dies in der Mitte der Brust, auf Deinem Herzchakra (VAKOG).

4. Finde eine Situation, in der Du möchtest, daß die Zeit langsamer vergeht und bringe die entsprechenden Submodalitäten in diese Situation und löse gleichzeitig den Anker aus.

5. Stelle sicher, daß Du in zukünftigen Situationen, wenn Du es möchtest, Deinen Anker auslösen wirst.

6. Beende dieses Zeit-Experiment immer sowohl in Deiner Vorstellung, als auch im Alltag, indem Du die Mitte Deiner Brust berührst und zu Deinem normalen Zeitempfinden zurückkehrst.

Notizen

Zeit planen

Form: Übung ☒   Phantasiereise ☐

Ziel:
Unwichtiges von Wichtigem unterscheiden, Zeit realistisch strukturieren

Weitere Anwendungsmöglichkeiten:
Zeiträuber erkennen

Dauer:
60 Min.

Material:
Schreibzeug

Anmerkung:
Steven Covey hat eine wunderbare Möglichkeit geschaffen, die eigenen Aktivitäten dahingehend zu überprüfen, inwieweit sie tatsächlich den Vorstellungen und den eigenen Bedürfnissen entsprechen. Er hat dazu eine Matrix erschaffen, die in vier Quadranten unterteilt ist.

Anleitung:
1. Erstelle eine Matrix, indem Du einen Bogen Papier mit einem Fadenkreuz in vier gleich große Quadrate unterteilst.

3	4
1	2

Quadrat eins bedeutet dringend und wichtig.
Dies beinhaltet Tätigkeiten wie dringende Probleme oder die Post aufarbeiten, Abgabetermine, Projekte, die drängen sowie Krisen.

Quadrat zwei ist wichtig, aber nicht dringend.
Das sind die Tätigkeiten wie vorbeugend Kontakte knüpfen, Beziehungen aufrechterhalten, Möglichkeiten erkennen, neue Ideen sammeln, ein bißchen planen oder erholen.

Quadrat drei ist dringend, aber nicht wichtig.
Das sind wichtige Anrufe oder Unterbrechungen: manche Post, manche Berichte, manche Konferenzen, manche Dinge, die einem unmittelbar als drängend vorkommen; oft etwas, was andere als sehr wichtig erachten.

Quadrat vier ist nicht wichtig und nicht dringend.
Geschäftigkeiten, manchmal die Post, ein paar Anrufe, ein bißchen Hin- und Herwuscheln, etwas umräumen und die Zeit verstreichen lassen.

2. Trage mit Hilfe Deines Terminkalenders Deine Aktivitäten der vergangenen Woche in diese Matrix ein und werte die Ergebnisse aus, indem Du überprüfst, womit Du Deine Zeit überwiegend verbringst und ob Du damit zufrieden bist.

Hier ist Ehrlichkeit die entscheidende Hilfe. Nur wenn Du offen die Zeitkiller und die Trödeleien enthüllst, kannst Du etwas zu Deinen Gunsten ändern.

3. Erstelle einen Wochenplan für die kommende Woche, in den Du Deine Verbesserungsvorstellungen mit einfließen läßt.

Zeit für Quadrat zwei kann man nur aus Quadrat drei oder vier besorgen, denn die in Quadrat eins anstehenden wichtigen Dinge und Krisen müssen nach wie vor beantwortet werden.

4. Visualisiere Deine Woche, wie sie verlaufen wird und wie Du aus einem Gefühl von Zeithaben heraus handelst. Laß in Deinem Tonfilm alle Dinge zur rechten Zeit am richtigen Ort passieren und genieße einen Moment Deine vorausschauende Planung.

Zeitreise

Form: Übung ☐   Phantasiereise ☒

Ziel:
Alte Prägung loslassen

Weitere Anwendungsmöglichkeiten:
Entspannung, Herausfinden der eigenen Zeitmuster

Dauer:
15 Min.

Material:
Musik: El Hadra, Sufi-Meditation
Daniel Kobialka, Timeless motion

Anmerkung:
Sorge dafür, daß Du ungestört bist und daß direkt nach der Reise noch Zeit ist zum Nachschwingen und ausklingen lassen.

Anleitung:
Setze Dich bequem hin, so daß Du ein wenig entspannen kannst – laß jetzt ganz bewußt alles los, was Du loslassen möchtest – Muskeln – Gedanken – Deinen Alltag und laß Dich von Deinem Atem schaukeln. Und indem Du Deinen Atem kommen und gehen läßt, kannst Du Dir mehr und mehr erlauben, loszulassen, zu entspannen.

Während dies von allein weitergeschieht, kannst Du Dich treiben lassen, in Deine Vergangenheit, treiben lassen mit dem Gefühl, das Du heute mit Zeit verbindest – rückwärts in Deiner Vergangenheit – vorbei an all den Situationen, die einen bleibenden Eindruck in Dir hinterlassen haben und Dein Verhältnis zur Zeit geprägt haben. Laß Dich treiben, bis in Deine Kindheit und nimm wahr, wie in Deiner Kindheit mit Zeit umgegangen wurde – war Zeit etwas Kostbares, was man hüten mußte? Wurde die Zeit bei Euch eingeteilt und von wem? Wer durfte entscheiden, was wichtig war? Wurde bei Euch Zeit gespart oder durfte Zeit auch verplempert werden? Wurde Zeit totgeschlagen oder durfte sie verstreichen? Was bedeutete Zeit haben für Dich als Kind?

Nimm wahr, welche Ressourcen Du gebraucht und was Du in Deiner Kindheit gerne gehabt hättest, um das Gefühl zu entwickeln, aus einer Fülle von Zeit zu schöpfen – immer genug Zeit zu haben.

Was kann diesem Kind die Gewißheit geben, daß es seine Zeit einteilen darf, daß es mitbestimmen kann, wie Lebenszeit geplant wird, daß es einfach nur sein darf und sich den Raum nimmt, sich und seine Bedürfnisse wichtig zu nehmen.

Dann stell Dir vor, wie Du als heutiger Erwachsener hineintauchst in Deine Kindheit und Dir als Kind all die Aufmerksamkeit, Zeit, Ruhe und Liebe gibst, die dieses Kind jetzt braucht. Gib dem Kind jetzt alles, bis es ganz zufrieden und glücklich auf Dich wirkt. Und wenn das Kind dann ruhig und gelassen ist und weiß, daß es alle Zeit der Welt hat, dann nimm diese Qualität mit dem Einatmen in Deinen Körper – nimm mit jedem Einatmen etwas mehr von dieser Qualität in Dich auf und laß sie sich in Dir ausbreiten – ausbreiten als Licht oder Wärme – als Leichtigkeit oder Weite – als Energie oder wie es sonst für Dich stimmt. Und laß Dein Kind mit dieser Qualität erwachsen werden, so erwachsen, wie Du heute bist.

Spüre diese Qualität heute und wenn Du magst, kannst Du sie noch intensiver werden lassen, und nimm diese Qualität mit in Deine Zukunft und alle Situationen, in denen Du sie brauchst. Genieße einen Moment das Gefühl, daß diese Qualität Dich in Deiner Zukunft begleiten kann und komm dann hierher zurück mit Deiner Aufmerksamkeit in diesen Raum, um Dich mit einem Räkeln und Strecken wieder ganz hier zu orientieren.

Notizen

Timing

Form: Übung ☒   Phantasiereise ☐

Ziel:
Intuitive Anteile stärken, das Unbewußte zur Zusammenarbeit einladen

Weitere Anwendungsmöglichkeiten:
Kongruenz und innere Balance

Dauer:
20 Min.

Material:
–

Anmerkung:
Sollte sich kein Persönlichkeitsanteil für das Timing zuständig fühlen, so kann man einen kreieren.

Anleitung:
1. Überprüfe, ob Du eine Weile sitzen bleiben kannst und geh dann mit Deiner Aufmerksamkeit nach innen zu Dir.

2. Nimm Kontakt zu allen Deinen Persönlichkeitsanteilen auf und bitte sie, sich mit Dir an einem schönen Ort zu treffen.

3. Bitte den Teil in Dir, sich zu melden, der normalerweise für Dein Timing zuständig ist. Das ist der Teil, der schon oft dafür gesorgt hat, daß Du im rechten Augenblick am richtigen Ort warst und das Passende getan hast. Diesen Teil, den Du daher kennst, daß er manches in Deinem Leben verhindert und anderes möglich gemacht hat. Bedanke Dich bei ihm, denn er hat schon viel für Dich getan.

4. Bitte alle Deine Teile, daß sie mit diesem Timer zusammenarbeiten. Laß sie einen Weg finden, wie sie sich gemeinsam abstimmen werden, um den Timer bestmöglichst zu unterstützen. Sorge dafür, daß alle Teile zu ihrem Recht kommen und

zufrieden mit der gefundenen Lösung sind. Es ist nicht wichtig, daß Du genau weißt, wie die Strategie ist, sondern es reicht völlig, wenn Du weißt, daß Deine Teile zusammenarbeiten werden.

5. Bitte Deinen Timer, Dir ein Zeichen zu geben, an dem Du erkennen wirst, ob Du in einer Angelegenheit noch warten sollst. (Dies kann ein Symbol, ein Bild, eine Farbe, ein Wort, ein Klang, ein Gefühl sein.) Bedanke Dich und bitte dann um ein Zeichen, an dem Du erkennen kannst, daß Du jetzt handeln sollst. (Auch dies kann ein Symbol, ein Bild, eine Farbe, ein Wort, ein Klang, ein Gefühl sein.) Bedanke Dich.

6. Um Euch auf Eure Zusammenarbeit einzustimmen, bitte Deinen Timer, Dir in den nächsten acht Wochen zu allen wichtigen Angelegenheiten vorher eines der vereinbarten Zeichen zu geben, damit Du weißt, ob Du warten oder handeln sollst.

7. Bedanke Dich bei allen Deinen Teilen für die Kooperationsbereitschaft und verabrede Dich in acht Wochen, um dann die weitere Zusammenarbeit zu gestalten.

Notizen

Nein sagen

Form: Übung ☒   Phantasiereise ☐

Ziel:
Eigene Prioritäten setzen, nach eigenen Bedürfnissen handeln

Weitere Anwendungsmöglichkeiten:
Klarheit, Lösung von schwierigen Kommunikationssituationen, Wahrnehmungs-
erweiterung über die Situation eines anderen

Dauer:
25 Min.

Material:
Drei verschiedenfarbige Blatt Papier als Bodenanker

Anleitung:
1. Wähle eine Situation, wo Du Dich im nachhinein geärgert hast, daß Du eine
   Bitte nicht abgewiesen oder zu einer Aufforderung nicht „Nein" gesagt hast.

2. Wähle einen Ort als Bodenanker für die Rekonstruktion der Erfahrung:
   ➤ installiere Deine Position,
   ➤ installiere die Position der anderen Person,
   ➤ installiere eine Beobachterposition.

3. Nimm Deine Position ein – innerlich und äußerlich: Körperhaltung und
   Atmung und VAKOG der Erfahrung.
   – Separator –

4. Nimm die Position der anderen Person ein – innerlich und äußerlich: Körperhaltung und Atmung und VAKOG ihrer Erfahrung.
   – Separator –

5. Gehe in die Beobachterposition und nimm wahr, was beiden gefehlt hat. – Was
   hättest Du gebraucht, um Dich wohlzufühlen und „Nein" zu sagen? (Wenn
   materielle Dinge benannt werden oder etwas, was nicht in der Kontrolle des
   Gecoachten liegt, dann gemeinsam *innere* Ressourcen suchen.) Was hätte Dein

Gesprächspartner gebraucht? Position als Beobachter sprachlich unterstützen („er dort" oder „sie dort").

6. Ressourcen entstehen lassen. (Erinnern an VAKOG)

7. Hineinsteigen in Deine Position mit den Ressourcen und wahrnehmen, was sich dann verändert.

8. Mit dieser Ressource in die Zukunft schauen und Möglichkeiten entdecken, wie diese Qualität in zukünftigen Situationen da ist.

9. Ideen entwickeln, wie die andere Person in einen ressourcevollen Zustand kommen kann und ob und wie Du das unterstützen möchtest.

Notizen

Der Kraftpunkt

Form: Übung ☐   Phantasiereise ⊠

Ziel:
Präsenz im Augenblick

Weitere Anwendungsmöglichkeiten:
Entspannung, Transzendenz

Dauer:
15 Min.

Material:
Musik: Oliver Serano, Vida para vida

Anmerkung:
Solche Entspannungsübungen entfalten ihre Wirkung besonders gut, wenn man sie regelmäßig durchführt.

Anleitung:
Mach es Dir auf Deinem Stuhl ganz bequem und überprüfe, ob Du noch etwas verändern möchtest, damit Du Dich wohlfühlen kannst oder ob es so angenehm ist, wie Du jetzt dasitzt. Du kannst Dich – wie immer – entscheiden, ob Du einfach nur dasitzt und der Musik lauschen magst und Deinen Gedanken nachhängst oder ob Du meiner Stimme zuhören magst und neugierig bist auf die Assoziationen, die sie in Dir weckt. Ganz gleich, wofür Du Dich entscheidest, Du hast jetzt die Möglichkeit, zur Ruhe zu kommen und es Dir gut gehen zu lassen.

Und Du kannst die drei nächsten Atemzüge dazu nutzen, Dich in einen Zustand von Ruhe und Entspannung gleiten zu lassen. Dich mit jedem Ausatmen vom Alltagsgeschehen lösen – die Hetze loslassen – Beeilen loslassen – und mehr und mehr zur Ruhe kommen – mit jedem Ausatmen den Zustand von Gelöstheit in Deinem Körper erleben – Deine Muskeln weicher und die Entspannung tiefer werden lassen.

Während Du Deine Aufmerksamkeit weiter nach innen richten kannst und Dich bewußt auf das konzentrierst, was Du jetzt wahrnimmst – was im Augenblick da ist – kannst Du die Vergangenheit und die Zukunft loslassen – Deinen Fokus auf den Moment richten, in dem Du Dich jetzt spürst und wo Du vollkommen präsent bist. Richte Deine Aufmerksamkeit auf die Gegenwart, auf das Jetzt – hier in diesem Augenblick – wo Du lebst – wo Du handelst – wo Du Dich spürst – wo Du denkst. Nimm in diesem Augenblick wahr, daß Du lebendig bist. Während Du die Gedanken, die kommen, annehmen und wieder gehen lassen kannst, erlaube Dir, den Moment der Stille wahrzunehmen, der zwischen den Gedanken entsteht. Mit dieser Stille kannst Du in den Urgrund des Universums eintauchen und erleben, daß alles eins ist und Du ein Teil des Ganzen bist – wahrnehmen, wie in der Gegenwart alles verbunden ist – die Verbindung zwischen Zukunft und Vergangenheit – und die Gegenwart die Kraftquelle ist für Kreativität und Inspiration und Du mit diesem Kraftfeld in Dir und dem gesamten Universum verbunden bist. Sei aufmerksam, wie das jetzt auf Dich wirkt und was es Dir mitteilt – zuhören – annehmen – den Augenblick genießen. Einfach nur dazusein und eintauchen in den Urgrund des Universums – die Stille zwischen den Gedanken wahrnehmen, daß Deine Gedanken die Gegenwart erschaffen – daß Du der Schöpfer des Augenblickes bist – daß es Deine Wahl ist, was Du erschaffst und daß Du aus dem Kraftpunkt der Gegenwart heraus Deine Zukunft verändern kannst. Spüre die Kraft und die Energie, die von diesem Moment des Seins ausgeht und das schöpferische Potential, das Du hier zur Verfügung hast – die Lebendigkeit, die Du durch Deinen Atem spüren kannst. Gib Dich ganz bewußt Deinem eigenen Rhythmus hin und genieße, wie Dein Körper und Dein Atem harmonieren.

Spüre, wie Dein ganzer Körper – jede Zelle, jedes Organ – von dieser Schwingung erfüllt ist – wie Dein ganzes Dasein Deinen Rhythmus lebt und Dein Leben eine einzigartige Melodie hat.

Genieße diesen intensiven Zustand noch einen Augenblick und bringe Deine gefundene Kraft und Energie mit ins Hier. Komm hierher zurück und nimm wahr, wie und wo Du sitzt – und mit jedem Einatmen laß Wachheit, Frische und Vitalität in jede Zelle Deines Körpers strömen, um dann im Hier und Jetzt voller Präsenz das zu tun, worauf Du jetzt Lust hast.

Übungs-Spectrum

– Zeit –

➤ Zeit verlangsamen
➤ Zeit planen
➤ Zeitreise
➤ Timing
➤ Nein sagen
➤ Der Kraftpunkt
➤ Atemraum (1)[*]
➤ Zielrahmen (1)
➤ Positive Timeline (1)
➤ Nach Hause gehen (1)
➤ Ort der Ruhe (1)
➤ Der Alltag ist ein verwunschener Garten (2)
➤ Phantasiereise ins All (2)
➤ Meditation zur Zentrierung (3)
➤ Situationsanalyse (3)
➤ Aneignung neuer Fähigkeiten (4)

---

[*] Es handelt sich hierbei um Hinweise auf Übungen in anderen Büchern – siehe dazu im Anhang Seite 257.

- Glaubenssätze ändern (4)
- Werte-Wandel (4)
- Zeitlinie (4)
- Die innere Zeitlinie herausfinden (nach Connirae und Steve Andreas) (5)
- Experimente mit der Zeitlinie (5)

Hausaufgaben:

- Meditationen
- Bewußt langsam gehen
- Atempausen planen
- Etwas Schönes anschauen (fünf Min.)
- Ressourcenliste erstellen und nutzen

Gedächtnis

Wegweiser

Einstimmung – Gedächtnis

Jemand sagt:„Drei Dinge vergesse ich immer: 1. Namen, 2. Gesichter und 3. ..., ähm, ..., ähm, ..., ähm, ... "

Ein gutes Gedächtnis ist der Schlüssel zum Erfolg.

Die Menge an Informationen, mit der wir konfrontiert werden, hat sich enorm vervielfacht und fordert uns heraus zu unterscheiden, was wir uns merken müssen und was nicht. Der Computer nimmt uns zwar einige Aufgaben entlastend ab, jedoch ist ein gut funktionierendes Gedächtnis nicht zu ersetzen. Viele meinen, daß es bei der heutigen Menge an Informationen eher darauf ankommt zu wissen, wo welche Informationen zu finden sind, als sich alle zu behalten. Leider sind die Beschaffungszeiten oftmals unwirtschaftlich, der Arbeitsfluß ist empfindlich gestört und das eigene Gedächtnis wird nicht trainiert und damit der Chance beraubt, immer schneller mögliche Verknüpfungspunkte mit bereits Vorhandenem herzustellen.

Wenn eine neue Information in unser Gehirn gelangt, wird sie im Gedächtnis mit bereits vorhandenen Assoziationen verknüpft, mit Ähnlichem, Dazugehörendem, Korrelierendem oder dem, was wir in dem Moment für verknüpfenswert halten. Je mehr dort bereits vorhanden ist, desto größer ist die Chance, eine neu hereinkommende Information fest zu verankern und auch auf Dauer abzulegen.

Die Kapazität unseres Langzeitgedächtnisses ist praktisch unbegrenzt. Damit ist die Argumentation gerade von Leuten, die mit ihrem schlechten Gedächtnis kokettieren, nicht richtig, daß man sich unwichtige Dinge gar nicht zu merken brauche, da ansonsten wichtige Informationen keinen Platz im Gedächtnis mehr haben.

Das Wort Gedächtnis ist eine Nominalisierung und beschreibt den Prozeß des Erinnerns. Um Informationen, wie z.B. Telefonnummern, Namen oder Geheimzahlen erinnern zu können, müssen sie vorher wahrgenommen und innerlich abgespeichert worden sein. Häufig ist es im Geschäftsleben so, daß z.B. die Namen von Gesprächspartnern gar nicht richtig aufgenommen werden können, da man sich nicht die nötige Zeit zum Vorstellen nimmt oder nicht nachfragt und somit die Information verlorengeht, bevor sie überhaupt den Weg ins Gehirn gefunden hat.

Beim Training des Gedächtnisses ist zu beachten, daß wir nur etwa sieben plus/minus zwei Informationen gleichzeitig aufnehmen können. Struktur und Ordnung einer Information erleichtern die Aufnahme.

Vera Birkenbihl nennt drei Wege ins Gehirn.

Beim ersten lernt das Gehirn etwas Lebenswichtiges ganz von allein. Beispiel: Wie oft setzt man sich mit einem nackten Hintern in eine Brennessel? In der Regel nur einmal, und zwar aus folgendem Grund: Es schmerzt und ist damit von brennendem Interesse für uns.

Der zweite Weg ist der der Wiederholung. Diese Form des Lernens haben die meisten Menschen in der Schule genießen dürfen.

Den dritten Weg nennt sie gehirngerechtes Lernen, d.h. Lernen mit allen Sinnen und mit rechter und linker Gehirnhälfte. Auch die Verknüpfung von Informationen mit Aufmerksamkeit und persönlichem Interesse und Beteiligung erleichtern den Weg vom Kurzzeit- zum Langzeitgedächtnis.

Die neuere Hirnforschung hat nachgewiesen, daß in dem Moment, wo Emotionen an einem Lernprozeß beteiligt sind, die Aufmerksamkeit und die Merkfähigkeit extrem verstärkt wird, d.h. schon die Bereitschaft, die Lust und Neugierde, etwas Neues kennenzulernen, hat eine starke Sogwirkung.

Wenn Personen im Coaching für das Thema Gedächtnis einige Veränderungen, Anregungen oder Unterstützung haben möchten, dann haben sie in der Regel bereits negative Erfahrungen im Berufsalltag gemacht. Es kann zum Beispiel sein, daß sie sich wichtige Informationen aus einem Kundengespräch nicht einprägen konnten, die Namen von Mitarbeitern oder Vorgesetzten vergessen haben, sich bestimmte Geheimnummern oder Codes nicht merken konnten, wichtige Telefonnummern immer nachschlagen mußten, vergaßen, wo sie welche Akte oder Unterlage abgelegt hatten, wichtige Ankunfts- oder Abfahrtstermine und Orte nicht mehr erinnern konnten, usw.

Dem Coach stehen viele klassische Mnemotechniken zur Verfügung, die die Gedächtnisleistung erhöhen und Erinnern als einen schöpferischen und kreativen Prozeß vermitteln, der viel Spaß macht.

Eigentlich besitzt jeder Mensch bereits seine eigene Mnemotechnik. Innerhalb des Coachings mit NLP versuchen wir, während der Informationssammlung herauszubekommen, welche Strategie der Gecoachte bereits hat und wie sich diese Strategie verbessern läßt, um gewünschte Ergebnisse zu erzielen. Dabei ist es hilfreich, sich nicht nur auf der Ebene der Strategien, also der Fähigkeiten zu bewegen, sondern auch die dahinterliegenden Glaubenssätze („Was Hänschen nicht lernt, lernt Hans nimmermehr."), auch zur eigenen Person („Ich bin jemand, der sich keine Namen und Gesichter merken kann.") anzuschauen.

Auch hier sind die guten Gründe, weshalb man sein Gedächtnis bisher nicht ausreichend trainiert hat, zu beachten und dahinterliegende Glaubenssätze auf ihre Aktualität hin zu überprüfen und eventuell zu erweitern, zu verändern. Wenn jemand es als sinnvoll erachtet, sich mehr Wissen anzueignen und seine Grenzen zu erweitern, wird er auch neue Wege zum Gehirn finden.

Lernen kann und soll Spaß machen. Nur, weil wir in der Schule in der Regel schlechte Erfahrungen damit gemacht haben, daß wir nicht lernen wollten, sondern lernen sollten oder mußten, ist uns dieser Spaß leider oft verlorengegangen. Wenn wir diese Freude und Lust am Lernen wiederentdecken, dann steckt die Belohnung für die Erweiterung des Wissens in dem genußvollen Auskosten von Neugelerntem oder in dem wunderbaren Gefühl, etwas hinzugewonnen, eine Bereicherung erfahren zu haben. Derartige Gefühle öfter, mehr und intensiver zu erleben, dafür lohnt es sich schon einmal, einen Nachmittag zu verbringen und neue Wege zu suchen, wie wir genau das in unser Leben integrieren können.

Lernstrategie

Form: Übung ☒　　　Phantasiereise ☐

Ziel:
Eigene günstige Lernstrategie entdecken und nutzen

Weitere Anwendungsmöglichkeiten:
Lernstrategien begradigen und optimieren

Dauer:
30 Min.

Material:
Schreibzeug

Anmerkung:
Jeder Mensch hat bereits ausgezeichnete Wege entwickelt, um sich etwas zu merken, meistens werden diese jedoch nicht für das Lernen angewendet. Wenn Du eine Strategie herausarbeiten möchtest, dann beginne mit den großen Schritten und werde dann genauer. Solltest Du eine Sequenz nicht sofort mitbekommen, so sei Dir sicher, daß eine wesentliche Information sich wiederholen wird.

Anleitung:
1. Erinnere eine Situation, in der Du etwas gerne gelernt hast und erfolgreich warst; vom Auslöser, daß Du dies lernen wolltest, bis zum erfolgreichen Abschluß.

2. Was ist der Auslöser: Woran merkst Du, daß es Zeit ist zu lernen?
   Was ist das Ende: Wie weißt Du, das Du es erfolgreich gelernt hast?
   Was ist dazwischen passiert: Was machst Du genau, um zu lernen?

3. Tu so, als würdest Du jetzt lernen wollen und laß Deine Strategie ablaufen. Notiere Dir die vollständige Abfolge in großen Schritten.
   Auslöser – Prozeß – Test – Ende

4. Finde heraus, welche Submodalitäten zu den einzelnen Sequenzen gehören und mache Dir auch hierzu Notizen.

5. Erinnere zukünftige Situationen, in denen Du etwas lernen möchtest und visualisiere mit einem Tonfilm, wie Du alle wichtigen Schritte der Strategie in diese Erfahrung mitnimmst und anwendest.

Notizen

Lernspaß

Form: Übung ☒   Phantasiereise ☐

Ziel:
Lust und Neugierde ins Lernen zurückbringen

**Weitere
Anwendungsmöglichkeiten:**
Selbstmotivation

Dauer:
15 Min.

Material:
—

Anmerkung:

Lernen kann und soll Spaß machen. Lernen und die Welt erobern sind die
Abenteuer, um unser Leben aufregend und lohnenswert zu gestalten.

Anleitung:

1. Wähle etwas aus, was Du sehr gerne machst. Finde einen Anker, der dazu paßt
   und den Du auch in der Öffentlichkeit nutzen kannst. Finde ein dazu passendes
   Codewort.

2. Erlebe die Erfahrung jetzt hier mit allem, was für Dich dazugehört (VAKOG).
   Genau in dem Moment, wo Du intensiv die Lust und die Neugierde in Dir
   erlebst, löse den Anker aus.

3. Wähle eine ganz normale Lernsituation und finde den Auslöser für das Lern-
   gefühl.

4. Denke an Lernen und den Auslöser und aktiviere Deinen Anker, denke dabei die Verbindung: Lernen ist wie ... Codewort ... und spüre die Lust und Neugierde.

– Separator –

Laß diese Sequenz drei- bis fünfmal ablaufen, so daß Du diese Verbindung stabil in Dir verankerst.

5. Denke an eine zukünftige Lernchance und laß Dich überraschen, was jetzt anders ist.

Notizen

Stimmen entmachten

Form: Übung ☒   Phantasiereise ☐

Ziel:
Lernblockaden beheben

Weitere Anwendungsmöglichkeiten:
Gedanken unterbrechen, aus Teufelskreisen aussteigen

Dauer:
10 Min.

Material:
–

Anmerkung:
Selbst viele Jahre, nachdem Eltern und Lehrer ihre Macht über unser Leben verloren haben, können wir noch ihre Stimmen in uns hören und wie sie uns ermutigen oder kritisieren. Diese verinnerlichte Kritik hat nicht wirklich mit der aktuellen Situation zu tun und ist oftmals nicht hilfreich und angenehm.

Anleitung:
1. Erinnere Dich an eine Lernsituation, in der Du Dich durch eine innere Stimme behindert gefühlt hast. Finde die Submodalitäten heraus: Von wo kommt die Stimme, wie laut ist sie, wie schnell, hoch, rhythmisch etc.?
   Ist die Aussage in „Du"- Form oder in „Ich"- Form?

2. Ändere die einzelnen Submodalitäten, bis Du merkst, daß sich etwas in Deinem Gefühl verändert.

3. Überprüfe, ob auch der Satz sich verändert hat.

4. Finde einen neuen Satz, den Du Dir in solchen Situationen sagen möchtest.

Abenteuer des Denkens

Form: Übung ☐　　　Phantasiereise ☒

Ziel:
Präsenz im Augenblick

**Weitere
Anwendungsmöglichkeiten:**
Entspannung, Transzendenz

Dauer:
15 Min.

Material:
Musik: Merlin's Magic, Reiki II,
The light touch

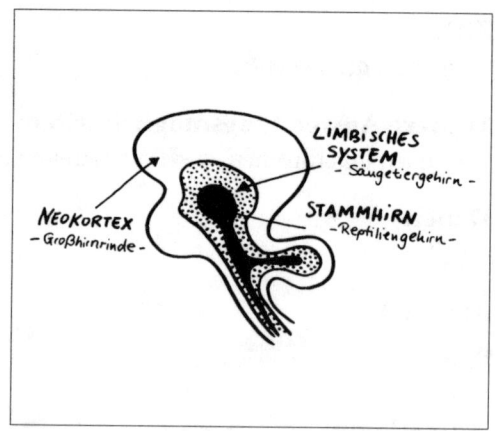

Anmerkung:
Vorab ist es hilfreich, wenn man ein schönes Bild vom menschlichen Gehirn zeigt,
auf dem die drei Gehirne und die linke und rechte Hemisphäre farbig unterschiedlich gekennzeichnet sind.

Anleitung:
Entspanne Dich auf Deine Art und Du hast wie immer die Wahl zu entscheiden,
was für Dich das Richtige ist. Du kannst jetzt und später all das tun, was für Dich
stimmt. Und Du weißt, daß Du heute eine Reise in Dein Gehirn – Deine Gedächt-
nisräume – machen kannst – eine Reise zu diesem Wunder, diesem Geschenk, das
die Natur Dir gegeben hat, in Dein ganz privates Archiv, in dem Du all das, was
Du seit Deiner Zeugung erlebt hast, gespeichert hast – indem alles, was Du erfahren
und gelernt hast in Deinem Leben, gespeichert ist – auf die Art, wie Du es
strukturiert und verarbeitet hast. Und Du weißt, daß diese Kapazität grenzenlos ist,
daß diese starke schöpferische Kraft für Dich und mit Dir arbeitet und ein
Reservoir an Gedanken schafft, aus dem Du schöpfen kannst. Und diese Reise in
die Weiten Deines Gehirn wird in Deinem rechten großen Zeh beginnen, indem
Du Dir vorstellen kannst, daß Du eintauchst, an Deiner Fußspitze – eintauchen in
Dich selbst und dabei Dein eigenes Transportsystem benutzt, um Dich von Deiner

Fußspitze durch Deinen Körper tragen zu lassen – neugierig – wachsam – und überall wahrnehmen kannst, was Du unterwegs alles loslassen kannst. Laß Dich von Deinem eigenen System tragen, die Beine hinauf – hingegeben an Dein Transportsystem – bis hinauf in Dein Becken. Loslassen und weiter durch Deinen Bauch – bis in Dein Herz – entdecken, spüren und lockern und lösen, was Du jetzt lösen möchtest. Und je weiter Du hinauf kommst, je näher Du Deinem Ziel kommst, desto wacher und entspannter kannst Du werden und Dich auf das Abenteuer freuen und gleichzeitig einen Zustand von Entspannung näherkommen spüren.

Laß Dich mitnehmen bis hinauf in Deinen Kopf, wo Du eintauchen kannst in Dein Stammhirn – Dein Reptiliengehirn – laß Dich überraschen, wie Du dies erleben wirst – einzutauchen in Dein Reptilienerbe und hier zu entdecken, welche Instinkte und Reflexe Dir zur Verfügung stehen, was Dein Überleben sichert und dafür sorgt, daß Du genügend Schlaf hast und wach sein kannst und hier wahrzunehmen, wieviel Raum es für Dich hat und wie alles auf fein abgestimmte Art zusammenarbeitet – und was hier für Dich wichtig ist – zu entdecken – kennenzulernen – wiederzuentdecken – und vielleicht schon eine Idee entwickeln, wie Du mit diesem Teil noch besser in Kontakt sein kannst – noch besser in Harmonie sein kannst, um dann einzutauchen in Dein limbisches System – was dafür zuständig ist, daß Du Gefühle erlebst – daß Du ein Leben mit Emotionen verbringst, daß Du Sexualität erfährst, Lust, Hunger und Freude – daß Du Dich auch ärgern kannst – Dein limbisches System, das Dich verbindet mit den anderen Säugetieren auf dieser Erde – das Dir eine gefühlsmäßige Ausrichtung in Deinem Leben ermöglicht. Und auch hier wahrnehmen, was für Dich wichtig ist, auf welche Art Du Kontakt hast, wie Du diesen Raum, diese Freiheit, diese Weite für Dich erleben und nutzen kannst – wie die Einbettung des Reptiliengehirns, die Zusammenarbeit, das Zusammenwirken dieser beiden Gehirne für Dich funktioniert. Vielleicht hast Du auch eine Idee, wie Du in Zukunft intensiver lernen und noch mehr emotionale Intelligenz entwickeln kannst, um für Dich das Zusammenspiel zu intensivieren. Und dann Dich auch hier verabschieden, um einzutauchen in Deinen Neokortex, in das große weite Abenteuer Deiner Großhirnrinde, hier, wo das Denken, die Symbole, die Sprache, die Zahlen, die Bilder und die Logik, wo all das hier für Dich vereint ist – Deine Großhirnrinde, die Dich erst zu einem denkenden Menschen macht – Dir die Möglichkeit eröffnet, Intellekt und Bewußtsein zu erfahren – eintauchen in die Täler und Hügel Deiner Großhirnrinde, wahrnehmen, was es hier ist, was Du hier erleben kannst, was das Abenteuer hier für Dich sein kann, auf welche Art Du diese Denkräume für Dich erobern kannst, wahrnehmen kannst, wieviel Weite, wieviel Kapazität hier vorhanden ist, wieviel noch unentdecktes Land und wieviel Möglichkeiten zu forschen – neugierig zu sein – wieviel Möglichkeiten, Neues zu erfahren – Neues zu entdecken – die Grenzen zu erweitern.

Und auch hier wieder das Zusammenspiel kennenlernen, die Einbettung in ein Gesamt-System, die Möglichkeit, ganz eigenständig und doch mit anderen Teilen gemeinsam zusammenzuarbeiten und wie Du es für Dich zukünftig noch verbessern und intensivieren kannst – unterstützen kannst – daß diese drei Teile, diese drei Gehirne harmonisch aufeinander abgestimmt wirken – miteinander koordiniert zu einem Ganzen – zu Deinem Besten zusammenarbeiten. Und Du hast die Möglichkeit, Dich jetzt hier frei zu bewegen und zu entdecken, was Du noch entdecken möchtest. Indem Du Dich weiter auf dieses Abenteuer einläßt, kannst Du feststellen, daß es ein rechtes und ein linkes Gehirn gibt, eine rechte und eine linke Gehirnhälfte, daß diese beiden Hälften eine Verbindung haben und in Kontakt sind. Und Du kannst jetzt entdecken, wie diese Verbindung für Dich beschaffen ist, wie diese Verbindung für Dich aussieht und für Dich funktioniert und dann eintauchen in Deine rechte Gehirnhälfte und neugierig entdecken, was ihre Aufgaben sind – ihre Möglichkeiten – die Phantasie – die Intuition – das Erfassen von Ganzheiten. Laß Dich hinein in den kreativen Raum, in Deine rechte Hälfte, die Dir die Bilder schenkt und die Einheit, die Dir die Zusammenhänge und Vernetzungen und das Sein deutlich macht. Hier, wo die Kunst wohnt und die Musik, der Tanz und wo das Gefühl zuhause ist. Dies ist die Welt der Symbole, des Einsseins, der Ganzheit. Nimm wahr, welche noch unentdeckten Potentiale hier für Dich schlummern, was Du hier noch erweitern oder erleben kannst – wie Du diese Arbeitsräume der Seele für Dich entdecken und genießen kannst. Und dann laß Dich durch Deine Verbindung hinübergeleiten auf Deine linke Seite, in Deine linke Gehirnhälfte und tauche auch hier wieder ein in den Raum der unentdeckten Potentiale, der Möglichkeiten, Grenzen zu erweitern – Neues zu entdecken – ungewöhnliche Gedanken zu denken – ganz neue Einsichten in Wissenschaft und Logik oder die Analyse von Dingen zu erhalten. Tauche ein in die Weite, den Raum, in die linke Gehirnhälfte, die die Diskussionen liebt, die Gliederungen, die Reihenfolgen, hier, wo die Sprache wohnt, der Raum Deiner intellektuellen Chancen – Deiner intellektuellen Fertigkeiten – das Gradlinige und Lineare und Schritt-für-Schritt-Denken, hier, wo die Gegensätzlichkeiten zuhause sind – wo die Freude am Denken und Diskutieren, am Ideen-Bewegen und In-Sprache-Formen zuhause ist. Und laß Dich überraschen, was es ist, was es hier noch zu entdecken gibt, wo Du hier Deine Grenzen erweitern, neues Terrain entdecken und Dich auf das Wunder des Denkens einlassen kannst und wie Du die Verbindung zwischen rechts und links zur Zusammenarbeit nutzen kannst und zur Koordination.

Und dann schau, was Du jetzt verändern, verbessern kannst, so daß diese Zusammenarbeit, diese Koordination noch selbstverständlicher, noch harmonischer, automatischer verläuft – was es ist, was Du heute neu gestalten kannst, vielleicht ausbauen, erweitern – laß Deiner Phantasie freien Raum, wie Du diesen Weg zwischen rechts und links, die Verbindung zwischen diesen beiden Teilen so verbessern kannst, daß ganz automatisch zu jeder Information, die in einer dieser beiden Gehirnhälften ankommt, automatisch direkt auf der anderen Seite eine Entsprechung gesucht wird, eine Verknüpfung. Du kannst jetzt all das tun, was Dir heute einfällt, um diese Verbindung zu knüpfen – zu unterstützen – zu erweitern – und eine Möglichkeit für Dich finden, wie diese beiden Hälften zusammenarbeiten und sich vielleicht sogar versprechen, daß sie sich gegenseitig unterstützen werden, indem jede Information, die auf der einen Seite ankommt, sofort über diese Verbindung mit den Entsprechungen der anderen Seite verknüpft wird, so daß jedes Wort mit einem Bild und jedes Bild mit einem Wort verknüpft wird – so daß ein Gedanke zu einem Film oder einem Bild werden kann und daß zu all dem, was Du innerlich sehen kannst, für Dich auch die Benennungen da sind. Und schau Dich noch einmal um in diesem ganzen Wunderwerk, was Du bist, diesem Geschenk, was Du von der Natur erhalten hast und verabschiede Dich auf Deine Art.

Nimm noch einmal die Kapazitäten wahr, die grenzenlosen Möglichkeiten, die hier schlummern, die starke schöpferische Kraft, die Du hier zur Verfügung hast – die Möglichkeit, dieses Reservoir an Gedanken für Dein Leben zu nutzen und dann verabschiede Dich auf Deine Art, indem Du wieder hinaustauchst und Dich auf die Reise begibst durch Deinen Körper und Dich dem Strom, dem Transportsystem in Dir anvertraust und Dich einfach gleiten läßt, mitnehmen läßt, bis hinunter zu Deinem großen Zeh, Deinem linken großen Zeh, indem Du hinabtauchst durch Dein Herz und wieder den Weg über Deinen Bauch zurück in Dein Becken und dann in Dein linkes Bein spürst, dann hinunter in Deine linke Fußspitze und das dann für Dich abschließt, indem Du noch einmal beide Zehen bewegst und spürst, daß Du mit Deiner ganzen Aufmerksamkeit wieder hierher zurückkommst in diesen Raum – Dich ein bißchen räkeln kannst – recken und strecken – und was Du noch tun kannst, um ganz wach – vollständig mit Deiner Aufmerksamkeit wieder hier in diesen Raum zurückzukommen.

Zahlen speichern

Form: Übung ☒   Phantasiereise ☐

Ziel:
Telefonnummern abspeichern und abrufen können

Weitere Anwendungsmöglichkeiten:
Kreativität entwickeln

Dauer:
20 Min.

Material:
Schreibzeug

Anmerkung:
–

Anleitung:
1. Überlege Dir kurz, welche Telefonnummer Du Dir gut merken kannst und erinnere Dich an diese Zahl, indem Du sie Dir jetzt visualisierst.

2. Finde heraus, in welchen visuellen Untereigenschaften diese Zahl erscheint und welche für Dich die wichtigsten sind. Schreibe diese wichtigen Untereigenschaften auf.

3. Kreiere eine interne Möglichkeit, in der Du zukünftig Deine Telefonnummern visuell abspeichern möchtest (z.B. Buch, Laptop, Karteikasten). Sei dabei so originell und kreativ, wie Du jetzt möchtest. Du kannst Deiner Phantasie freien Lauf lassen.

4. Vergegenwärtige Dir die erste Telefonnummer, die Du Dir neu merken möchtest und gleichzeitig den Raum oder Ort und die Person oder Personen, die mit dieser

Nummer verbunden sind. Kreiere ein Bild, in dem der Raum und die Person vorhanden sind.

5. Zerlege die Telefonnummer in Einheiten, die für Dich angenehm und übersichtlich sind und lasse sie in den gefundenen Untereigenschaften erscheinen.

6. Setze die Telefonnummer in das Bild von Ort und Person des Angerufenen.

7. Nimm dieses Gesamtbild und lege es auf Deine Art in Deinem internen Speicher ab.

Notizen

Mein Name ist Bond

Form: Übung ☒   Phantasiereise ☐

Ziel:
Namen in der Situation abspeichern und abrufen können

Weitere Anwendungsmöglichkeiten:
Kreativität steigern, Gesichter, Situationen merken

Dauer:
je eine Min.

Material:
–

Anmerkung:
Einige klassische Mnemotechniken, die auch für Sachverhalte und Stichworte nützlich sind:

1. Die Loki-Technik. Hier werden Worte oder Sachverhalte bestimmten vertrauten persönlichen Orten oder Plätzen zugeordnet. Anschließend schreitet man im Geiste die einzelnen Plätze ab und stößt auf die dazugehörigen Namen, Worte oder Sachverhalte.

2. Die Kettenworttechnik. Hier werden einzelne Begriffe mit dem nächstfolgenden Begriff verknüpft und zu einer Geschichte verkettet. Du kannst diese Technik nutzen, um mehrere Namen zu einer einprägsamen Geschichte zu verbinden.

3. Schlüsselworttechnik. Hier gibt es zehn Schlüsselworte, die untrennbar mit den Zahlen eins bis zehn jeweils verbunden und fest erinnerbar sind. Die zu merkenden neuen Worte oder Sachverhalte werden nun mit diesen einzelnen zehn Schlüsselworten auf kreative und manchmal auch bizarre, originelle und witzige Art verknüpft und damit merkbar.

Anleitung:

1. Genaues Wahrnehmen:
   - Nachfragen,
   - Visitenkarte geben lassen,
   - über Schreibweise erkundigen,
   - bei schwierigen Namen um eine Eselsbrücke bitten,
   - bei komplizierter Schreibweise nach Bedeutung und Herkunft fragen.

2. Namen abspeichern:
   - Visualisiere den Namen in Leuchtschrift auf die Stirn des Gegenübers,
   - entwirf ein Bild, das Dich sofort an den Namen erinnert,
   - baue Dir selbst eine Eselsbrücke,
   - bei langen Namen entwirf ein Bilderrätsel,
   - visualisiere Dir die Person und den neuen Namen mit einer Person, die denselben oder einen sehr ähnlich klingenden Namen hat.

Notizen

Übungs-Spectrum

– Gedächtnis –

- ➤ Lernstrategie
- ➤ Lernspaß
- ➤ Stimmen entmachten
- ➤ Abenteuer des Denkens
- ➤ Zahlen speichern
- ➤ Mein Name ist Bond
- ➤ Wahrnehmungsräume putzen (1)[*]
- ➤ Integrationstrance (1)
- ➤ Zielreise zur Bibliothek des Wissens (1)
- ➤ Dein Wissen speichern (2)
- ➤ Mind Mapping (3)
- ➤ Aneignung neuer Fähigkeiten (4)
- ➤ Namen merken (4)
- ➤ Glaubenssätze ändern (4)

[*] Es handelt sich hierbei um Hinweise auf Übungen in anderen Büchern – siehe dazu im Anhang Seite 257.

Hausaufgaben:

➤ Visualisieren üben – Buchempfehlung: „Stell Dir vor" von Shakti Gawain

➤ Bildervergleichsrätsel lösen

➤ Um die Ecke gedacht, Kreuzwort-Rätsel

➤ Eichung (1)

Selbstentfaltung

Wegweiser

Einstimmung – Selbstentfaltung

„Um frei und glücklich zu leben, mußt Du die Langeweile opfern. Das ist nicht immer ein leichtes Opfer. " – Richard Bach

Um Selbstentfaltung zu erleben, müssen wir die Verantwortung in unserem Leben übernehmen, dies bedeutet, nicht anderen die Schuld zu geben für das Glück oder Unglück, das man geschaffen hat. Das kann jeder nur für sich selbst entscheiden, um dann sein Schicksal in die eigenen Hände zu nehmen.

Manchmal trennen Menschen ihr Leben in tote Arbeitszeit und selbstverwirklichte Freizeit. Das hat nicht nur für ein Unternehmen negative Konsequenzen, sondern auch für das eigene Leben.

Inzwischen haben einige Unternehmen erkannt, daß die Möglichkeit zur Selbstentfaltung im Berufsleben eines der größten Energiereservoirs ist und die immense Kreativität nutzbar macht, die in den Mitarbeitern steckt. Wenn sich eine solche Einstellung etablieren kann, dann ist der Ausschöpfung der geistigen Potentiale und Selbstentfaltung in einem Unternehmen der Weg bereitet. Als Chancen für die Zukunft sind die menschlichen Ressourcen die entscheidenden Wettbewerbsvorteile.

Coaching mit NLP unterstützt Bestrebungen, Arbeit als eine Lebensaufgabe zu verstehen und seine Entfaltung in der persönlichen Bestleistung zu finden. Die Möglichkeit, im Coaching eigenverantwortlich Verbesserungen in der eigenen Lebenslage zu erwirken, kann die Lust und Begeisterung wiederbringen, täglich seine Aufgaben zu gestalten und seinen Alltag motiviert und engagiert zu leben. Ein bedeutender Unterschied in der Qualität besteht darin, ob man sich etwas aus der Arbeit macht, die man leistet, oder dem Prestige, den Resultaten, die man dadurch erhält. Echtes Engagement bezieht sich immer auf etwas, was größer ist als man selbst.

Die Verwirklichung unserer Lebensaufgabe kann in unserem Beruf stattfinden, in einer Firma, einem Unternehmen, einer Organisation. Dies ist genau der Platz, den wir für diese Lebensaufgabe, für diese Berufung wählen können. Dies ist ein Platz, an dem sich viele Menschen mit ähnlichen oder sich ergänzenden Aufgaben treffen, um ihr Lebenswerk zu schaffen. Zwischen all diesen Menschen, die hier zusammen-kommen, gibt es innere Verbindungen, gibt es Vernetzungen, gibt es Möglichkeiten, über gemeinsame Visionen oder Ziele an einem gemeinsamen Ganzen zu arbeiten.

Oft sind jedoch Ängste und Blockaden, die freies Handeln und Selbstentfaltung behindern, Themen, weshalb Menschen zum Coaching kommen. Angst ist der größte Energie- und Kreativitätskiller, den es gibt. Menschen, die Angst haben, sind entweder durchgängig oder in bestimmten Situationen emotional, kognitiv oder körperlich blockiert. Emotionale und körperliche Blockaden sind in der Situation negativ spürbar, oft auch sichtbar, und hindern denjenigen daran, beweglich zu sein und freien Zugang zu seinen Ressourcen zu haben. Bei kognitiven Blockaden entsteht zum Beispiel Leere im Kopf, oder man dreht sich permanent im Kreis oder hört immer wieder den gleichen Satz, die gleichen Argumente.

Ängste und Blockaden können sich im Berufsleben in vielen Bereichen bemerkbar machen und für den Gecoachten Probleme verursachen. So ist es z.B. recht hinderlich, im Berufsalltag Angstgefühle zu haben, wenn man ans Telefon gehen soll, Angst vor dem Fliegen und vor Aufzügen zu haben, Angst, vor einer größeren Gruppe Menschen zu reden, vor dem anderen Geschlecht, vor den Mitarbeitern, vor Leistungsbeurteilungen oder vor Einzelgesprächen. Diese Beispiele aus dem Geschäftsleben sind Beispiele für eine gerichtete Angst, nämlich die Angst vor bestimmten Situationen oder Objekten (Phobie). Dieses Gefühl ist dem Gecoachten bewußt und führt im Alltag dazu, daß er diese Situationen oder Objekte vermeiden möchte.

Eine wichtige Aufgabe für den Coach ist es, Informationen zu Art und Qualität des Angstzustands zu gewinnen, um sich zu entscheiden, ob dieser Prozeß an eine therapeutisch ausgebildete Person weiterdelegiert wird oder ob dies noch im Rahmen eines Coaching bearbeitet werden kann. Kriterien für diese Entscheidung sind sicherlich die Schwere, Intensität und Dauer des Angstzustandes und die sozialen Folgen auf der einen Seite und die therapeutisch-psychologischen Fähigkeiten, Ausbildung und Wissen des Coaches auf der anderen Seite.

Ein Manager hat keine Angst. Angst kann er sich gar nicht erlauben. Angst gehört zu den verpönten Themen in der Berufswelt. Nun haben aber alle Menschen Ängste, weil Ängste zu unserem Leben gehören. Die drastische Zunahme von Agoraphobien und Angstzuständen läßt in letzter Zeit aufhorchen, denn dies entsteht in der Regel dadurch, daß Ängste über lange Zeit ignoriert und verdrängt werden. In dem Moment, in dem Angst bewußt wird, ist eine Chance da, sie wahrzunehmen – bewußtzumachen, was dahinter liegt – und sie anzunehmen. Dies kann ein Geschenk sein, so daß handlungsleitende unbewußte Inhalte zum Vorschein kommen, um durch einen bewußten Umgang mit ihnen gelöst zu werden.

Fritz Perls hat es wunderbar beschrieben: Veränderung muß man nicht aktiv anstreben, sondern Veränderungen finden von selbst statt. Solange man etwas bekämpft, entwickeln sich Widerstände und es bleibt einem erhalten. In dem

Annehmen und dem Verantwortung-Übernehmen liegt die Chance, es auch loszulassen und einen Wachstumsprozeß zu initiieren. Dies nennt er Mit-Sich-Selbst-in-Berührung-Kommen, wo Wachstum beginnt im Sinne einer Sammlung, im Sinne einer Integration.

So betrachtet liegt im Coaching die Chance, die Ängste zu benennen und anzunehmen und als Selbstentwicklungsmöglichkeit umzuwandeln.

Damit zieht wieder mehr Offenheit in unsere Führungsetagen, und die menschlichen Regungen müssen nicht geleugnet und versteckt werden, sondern können als Ausgangsbasis für die Weiterentwicklung genutzt werden. Diese Offenheit ist auch die Grundlage für lebenslanges Lernen und kann als Modell gesehen werden für andere Mitarbeiter, so daß eine der wichtigsten Voraussetzungen für Lernende Organisationen entsteht. Ziel kann es sein, sich öfter authentisch zu zeigen und ganzheitlich zu handeln.

Der Coach stärkt die Selbstannahme und findet mit dem Gecoachten Wege, die Vergangenheit zu befreien, so daß dieser seine Ziele, Werte und Visionen leben kann.

„Wenn Ihr Ihr selbst seid, helft Ihr anderen, sie selbst zu sein. Ihr seid dann nicht neidisch auf Begabungen, die Ihr nicht habt, und könnt deshalb offenen Sinnes und leichten Herzens den anderen fördern. Wenn Ihr Euch mit liebevoller Selbstachtung begegnet, habt Ihr Vertrauen zu dem von Euch eingeschlagenen Weg. Ihr akzeptiert dann Eure gegenwärtige Lage, wie auch immer sie ist, als Euren Ausgangspunkt und erkennt, daß alle schöpferischen Impulse, die Ihr braucht, von ihr ausgehen können."
– Jane Roberts

Angst mildern

Form: Übung ☒   Phantasiereise ☐

Ziel:
Angstzustände mildern

Weitere Anwendungsmöglichkeiten:
Blockaden lösen, Dissoziieren lernen

Dauer:
20 Min.

Material:
–

Anmerkung:
Diese Übung sollte nur von Personen durchgeführt werden, die mit dem Dissoziieren und Assoziieren im NLP vertraut sind und die sich zutrauen, eine Person auch in Angstzuständen zu begleiten und wieder hinauszuführen.

Nach dieser Übung sollte genügend Zeit zur Reflexion zur Verfügung stehen. Am günstigsten ist es, wenn man sich danach mit etwas Positivem oder Angenehmem beschäftigen kann.

Anleitung:
1. Ort der Ruhe und Sicherheit etablieren (VAKOG). Berühre Deine Hände auf eine bestimmte Art, die Dich an diesen Zustand erinnern kann.

2. Spüre für einen Moment den Zustand, der eintritt, wenn Du an den unangenehmen Gegenstand oder die unangenehme Situation denkst.

3. Dissoziieren: Rücke ein kleines Stück mit Deinem Stuhl nach hinten und während Du die neue Position einnimmst, stelle Dir vor, daß Du in einem Kino sitzt und Deinen Anker für Ruhe und Sicherheit selbst auslöst und Dich selbst auf der Leinwand siehst, und Du die vergangene unangenehme Situation nur hörst und

siehst, während Du Dich jetzt im Stuhl sicher fühlen kannst. Finde die Ressourcen heraus, die der Person auf der Leinwand fehlten.

4. Als Regisseur kannst Du den Film jetzt soweit verändern, bis die Person im Film gut aussieht, sich gut anhört und die Reaktion angemessen erscheint.

(Ressourcen zugeben)

5. Schlüpfe in die Person zurück und spüre die neue Qualität.

6. Nimm Kontakt mit dem Persönlichkeitsteil auf, der für diese Angstzustände zuständig war, und vergewissere Dich, daß er sich in wirklich bedrohlichen Situationen wieder meldet.

Notizen

Ressourcen einsammeln

Form: Übung ☒   Phantasiereise ☐

Ziel:
Ressourcen aktivieren

**Weitere
Anwendungsmöglichkeiten:**
Dissoziieren, Assoziieren, flexibles
Denken, Perspektivenwechsel, Pro-
blemlösungsstrategien

Dauer:
70 Min.

Material:
Neun Bodenanker, Schreibzeug

Anmerkung:
Dies ist eine sehr komplexe Übung und man sollte darauf achten, daß die einzelnen
Positionen deutlich unterschieden werden, denn der Perspektivenwechsel ist wichtig.

Anleitung:
1. Lege neun Bodenanker aus:

◯	◯	◯	Zukunft
◯	◯	◯	Gegenwart
◯	◯	◯	Vergangenheit
3. Pos.	1. Pos.	2. Pos.	

2. Beginne mit der 1. Position in der Gegenwart und vergegenwärtige Dir hier Dein
Problem, Deine Frage oder Dein Ziel (VAKOG) und gib mir ein Code-Wort oder
eine Kernaussage (notieren).

3. Gehe in die 2. Position in die Gegenwart und erlebe die gleiche Situation aus der Position eines Partners (VAKOG). Was würde Dein Partner Dir zur Unterstützung sagen? Kernaussage notieren.

4. Gehe in die 3. Position in der Gegenwart, in die Position eines wohlwollenden Beobachters. Was kann er Dir als Unterstützung sagen? Kernaussage notieren.

5. Gehe in die 1. Position Deiner Zukunft. Schau zurück und laß Dich überraschen, welche Unterstützung Dir Dein zukünftiges Selbst anbieten möchte. Kernaussage notieren.

6. Gehe in die 2. Position in der Zukunft und laß Dir von Deinem Partner eine Ressource schenken. Kernaussage notieren.

7. Gehe in die 3. Position in der Zukunft und laß Dir von einem Beobachter der Zukunft eine passende Unterstützung geben. Kernaussage notieren.

8. Gehe in die 1. Position der Vergangenheit und laß eine Idee kommen, was Dein vergangenes Selbst Dir sagen will. Kernaussage notieren.

9. Gehe in die 2. Position in der Vergangenheit und laß Dich überraschen, was Dein Partner in der Vergangenheit Dir jetzt als Hilfe mitgeben kann. Kernaussage notieren.

10. Gehe in die 3. Position in der Vergangenheit. Was kann ein wohlwollender Beobachter aus der Vergangenheit Dir als Unterstützung sagen? Kernaussage notieren.

11. Lege die Aussagen in den Positionen aus (siehe oben). Begib Dich in die 1. Position Gegenwart; schau Dir an und lies Dir laut vor, was Dich umgibt.

12. Stell Dir vor, daß all die Stimmen um Dich herum wirbeln, schneller und immer schneller und Du einen Platz findest, wo Du sie in Dich aufnehmen kannst und Dich alle diese Stimmen begleiten werden auf Deinem Weg in die Zukunft.

Märchenhafte Dramen

Form: Übung ⊠   Phantasiereise ☐

Ziel:
Lebensmuster erkennen

Weitere Anwendungsmöglichkeiten:
Lebensaufgabe finden, Lebensdramen, kreative Lösungsmuster

Dauer:
30 Min.

Material:
Tagebuch, im Hintergrund kann Entspannungsmusik die Phantasie beflügeln

Anmerkung:

Metaphern, Märchen und Mythen öffnen den Zugang zum Unbewußten und sorgen für kreative Neuordnung. Oftmals sind in Märchen die Kernaussagen verschlüsselt.

Wenn man diese Übung im Team-Coaching nutzt, kann man darüber lachen, dadurch Abstand gewinnen und sie als gemeinsame Ressource nutzen.

Anleitung:

1. Mache es Dir bequem und schließe für einen Moment die Augen.

2. Erinnere Dich an Dein Lieblingsmärchen und laß all die Gestalten und Gefühle, die Bilder, Worte und Symbole wieder aufleben, die damit verbunden sind.

3. Wer ist der Held, die Heldin in Deinem Märchen? Welche Werte sind Deinem Helden wichtig? Welche Aufgaben muß er bewältigen? Welches Muster kann er lösen? Welches Abenteuer kann er bestehen?

4. Mit wem in Deinem Märchen identifizierst Du Dich? Was hat das mit Dir und Deinem Leben heute zu tun? Finde den Zusammenhang, das Verbindende und vielleicht sogar, was die Lösung sein könnte.

5. Stell Dir Deine Kollegen vor und welche Rollen sie in Deinem Märchen spielen.

6. Finde heraus, welche Märchen Deine Kollegen haben und welche Rollen Du bei ihnen spielst. Laß Deiner Phantasie freien Lauf.

7. Erfinde ein Märchen, wo Ihr alle Platz findet und jeder die Rolle spielt, die er am meisten braucht oder die ihm am besten liegt.

8. Schließ das in Deinem Tempo ab, öffne Deine Augen und mach Dir Notizen, wenn Du magst.

Notizen

Choreographie der Selbstentfaltung

Form: Übung ☒ Phantasiereise ☐

Ziel:
Selbstentfaltung, kongruent leben

**Weitere
Anwendungsmöglichkeiten:**
Körper und Geist in Balance bringen, Informationssammlung, Ausrichtung, Integration von Veränderung

Dauer:
60 Min.

Material:
Zehn Meter lange farbige Leine oder
Schnur, sechs verschiedenfarbige
Bodenanker, Schreibzeug

Anmerkung:
Viele Menschen integrieren am intensivsten durch Bewegung. Im Kampfsport ist
die KATA Ausdruck der persönlichen Kraft. Die Choreographie dieses persönlichen Selbstentfaltungstanzes verbindet Körper, Seele und Geist und alle Ebenen der
Persönlichkeit zu einem anmutigen Ausdruck.

Anleitung:
1. Lege auf dem Boden mit einem Faden eine Spirale aus (ca. zwei bis drei Meter
Durchmesser). Bestimme mit farbigen Bodenankern von innen nach außen die
Ebenen Umwelt, Verhalten, Fähigkeiten, Glauben/Werte, Identität, Quelle/Sinn.

2. Beginne, indem Du Dich zur Umwelt begibst und Dir vorstellst, wann, wo und
mit wem Du selbstverwirklicht leben möchtest. Wer und was ist schon da und was
brauchst Du noch? Notizen machen.

3. Gehe weiter zu Verhalten und laß Ideen entstehen, welches Verhalten dazu gehört. Was machst Du konkret, wenn Du selbstentfaltet lebst? Was möchtest Du noch mehr tun? Notieren.

4. Begib Dich auf die Ebene Deiner Fähigkeiten. Welche Fähigkeiten und Talente unterstützen Dein selbstverwirklichtes Leben? Welche Fähigkeiten möchtest Du noch erwerben? Notieren.

5. Begib Dich auf die Ebene Glauben und Werte. Welche Werte gehören für Dich zur Selbstentfaltung? Welche möchtest Du noch mehr in Dein Leben integrieren? Notieren. Was glaubst Du, warum es sich lohnt, selbstentfaltet zu leben und was möchtest Du glauben? Notieren.

6. Gehe auf die Ebene der Identität. Welche Vorstellungen von Dir selbst unterstützen oder ermöglichen Deine Selbstentfaltung? Was möchtest Du von Dir selbst glauben? Notieren.

7. Gehe auf die Ebene von Quelle/Sinn. In welchem übergeordneten Zusammenhang erlebst Du Dich? Spüre diesen Zusammenhang mit allem – diese Ganzheit – was für Dich dazugehört, ganz intensiv und mit allen Sinnen. Welches Licht, welche Farbe, welcher Klang, welches Gefühl, Geruch und Geschmack – intensiviere das. Finde eine Bewegung oder einen Bewegungsablauf, der das für Dich ausdrückt.

Nimm diese Qualität auf Deinem Weg in Deiner Spirale mit in Deine Identität und nimm wahr, wie sich dann hier alles vervollständigt. Finde auch hier eine Bewegung, einen Ablauf, der diese neue Identität ausdrückt. Nimm dieses Gefühl mit auf die Ebene Glauben/Werte und nimm wahr, wie sich hier alles für Dich integriert. Finde eine Bewegung und nimm die Qualität mit auf die Ebene der Fähigkeiten. Laß Dich überraschen, wie alle Fähigkeiten und Ressourcen da sind, um selbstverwirklicht zu leben. Finde eine Bewegung und nimm die Qualität mit auf die Ebene von Verhalten und entdecke hier, wie Du ganz konkret handelst, wenn diese Qualität mit dabei ist. Finde hierfür eine Bewegung und begib Dich auf die Ebene der Umwelt. Erlebe hier, wie das mit wem und wann Wirklichkeit wird. Finde eine Bewegung und spüre die Qualität.

8. Durchlaufe Deine Spirale ohne Worte, indem Du die Qualitäten durch Deinen persönlichen Tanz miteinander verbindest. Verweile einen Moment in Deiner Quelle und tanze mit dieser Qualität Deine selbstgewählte Choreographie bis zur Umwelt zurück.

9. Stell Dir vor, daß dieser Tanz Dich in Deiner Zukunft begleitet.

Notizen

Die Lichtpyramide

Form: Übung ☐   Phantasiereise ☒

Ziel:
Erfahrung von Ganzsein

Weitere Anwendungsmöglichkeiten:
Entspannung, Gestaltungsräume erkunden

Dauer:
25 Min.

Material:
Decke; *Musik:* Oliver Serano, Minho valley fantasies – 1. Stück in Wiederholung

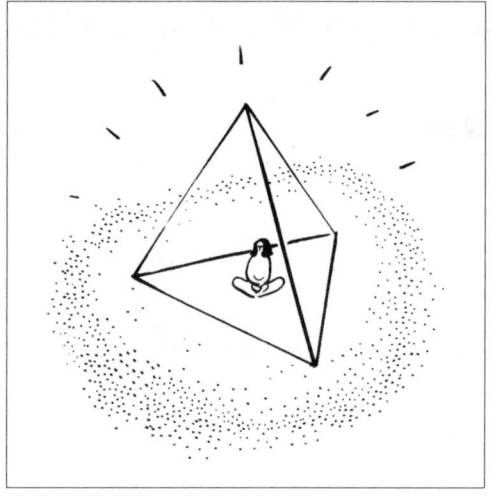

Anmerkung:
In der Pyramide sind unterschiedliche Positionen vereinigt und Du kannst Deine Gestaltungsräume kennenlernen.

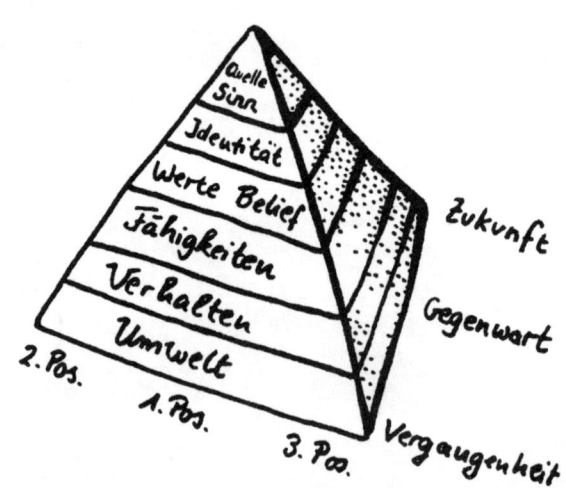

Auf allen Ebenen gibt es Vergangenheit, Gegenwart, Zukunft. Außerdem gibt es auf jeder Ebene die drei Positionen: die 1. Position, Dich als Seher, die 2. Position des Gesehenen und die 3. Position des Beobachters des Prozesses. In der Spitze der Pyramide auf oberster Ebene des Sinns bist Du in Deinem Zentrum, wo Raum und Zeit vereint sind. Dies ist das Bewußtsein von Ganzheit, von Einssein. Rishi devata chandas.

Anleitung:

Leg Dich auf den Boden und mach es Dir ganz bequem, so bequem, daß Du eine Weile so liegenbleiben kannst. Spüre, wie Dein Körper daliegt und wo Du überall den Boden berührst. Du hast wie immer die Wahl, ob Du auf Deine Art Deine Gestaltungsräume entdeckst oder ob Du Dich von meiner Stimme begleiten läßt und den Anregungen, die Du jetzt erhältst.

Geh mit Deiner Aufmerksamkeit noch einmal Deinen Körper durch und laß das ganz bewußt los, was Du noch loslassen möchtest. Und Du weißt, Dein Körper kann dies von ganz allein für Dich tun mit jedem Atemzug – während Du Dich auf die Entdeckung Deiner Lichtpyramide begeben kannst ...

Beginne, indem Du entdeckst, in welch einer Umgebung Deine Pyramide steht – sei neugierig, wohinein eingebettet dieser Lichtbau sich befindet – und begib Dich direkt hinein in den Mittelpunkt der Basis – dies ist Deine Position in der Gegenwart in Deiner Umgebung. Schau Dich um, was es hier für Dich zu entdecken gibt – wie die Pyramide von innen aussieht und nimm mit allen Sinnen wahr, was Dich anzieht und neugierig macht. Du kannst Dich in Deiner Pyramide in allen Deinen Handlungsräumen bewegen und deren Qualität erfahren – wenn Du laufen möchtest, kannst Du laufen – Du hast jedoch auch die Möglichkeit, Dich tragen zu lassen von einer unsichtbaren Kraft oder zu schweben, so als ob Du leicht und immer leichter wirst. Laß Dich von Deiner Aufmerksamkeit leiten und erkunde Deine Ebene des Verhaltens – welche Qualität ist hier wichtig – wohin möchtest Du eintauchen – wovon mehr erleben?

Während Du Dich auf die Ebene der Fähigkeiten begibst, kannst Du mehr und mehr spüren, wie Du Dich schon ganz selbstverständlich in Deiner Pyramide bewegst.

Laß Dich mitnehmen auf die Ebene Glauben und Werte und entdecke hier Deine Möglichkeiten und was Du erkunden willst.

Um dann einzutauchen in die Ebene Deiner Identität und Dich tragen zu lassen von der Qualität hier. Gib Dich dieser Ebene hin mit allem, was für Dich dazugehört und nimm wahr, wie Du leichter und leichter werden kannst – mit jedem Einatmen, mit jedem Ausatmen hingeben und mit jedem Einatmen leichter werden.

So daß Du auf die nächste Ebene schweben kannst – auf die Ebene von Sinn, von Quelle. Laß Dich mitnehmen und genieße einen Augenblick die Atmosphäre – hier, wo alle Positionen sich vereinen – hier, wo Vergangenheit, Gegenwart und Zukunft zusammenfließen. Nimm die Schwingungen wahr, die es hier gibt – das Einzigartige – dieses Ganzsein. Welche Farben, welches Licht gibt es – welche Klänge, welche Melodien, vielleicht eine ganz besondere Art von Stille – wie fühlst Du Dich in Deinem Mittelpunkt, in Deiner Mitte – was ist das für Dich Wichtige an diesem Erlebnis, was diesen Moment ganz einzigartig werden läßt. Gib Dich dieser Qualität mit allen Sinnen hin – genieße einen Augenblick dieses Verbundensein mit allem – und nimm dieses Gefühl mit in alle Deine Gestaltungsräume – laß diese Qualität Deine gesamte Pyramide ausfüllen. Mit dem Wissen, daß Du dies mit in Deinen Alltag bringen kannst, verabschiede Dich und komm hierher zurück – hierher in diesen Raum – ganz mit Deiner Aufmerksamkeit in Deinen Körper – nimm einen tiefen Atemzug und öffne Deine Augen.

Vielleicht magst Du Dir Notizen machen.

Übungs-Spectrum

– Selbstentfaltung –

- ➤ Angst mildern
- ➤ Ressourcen einsammeln
- ➤ Märchenhafte Dramen
- ➤ Choreographie der Selbstentfaltung
- ➤ Die Lichtpyramide
- ➤ Yoga für die Göttin (1)[*]
- ➤ Verabschiedung (2)
- ➤ Dein inneres Kind lieben (2)
- ➤ Dein neues Selbstbild (2)
- ➤ Selbstwert (2)
- ➤ Satir-Übung (3)
- ➤ Drehbuch zum Abenteuerfilm (3)
- ➤ Moment of Excellence (3)
- ➤ Analyse des Arbeitsplatzes auf pos. und neg. Anker (nach J. Weiß) (4)
- ➤ Unangemessene Ängste überwinden (4)
- ➤ Abbau von Autoritätsangst (4)

[*]   Es handelt sich hierbei um Hinweise auf Übungen in anderen Büchern – siehe dazu im Anhang Seite 257.

> Abbau von zwanghaftem Altruismus (4)
> Aufbau eines positiven Selbstbildes (4)

Hausaufgaben:
> Meditation
> Yoga, Feldenkrais
> Tanzen, Malen, Musizieren
> Quell-Trance (1)
> Lichtdusche (1)
> Während eines Vortrages alle Nebengedanken aufschreiben, die Glaubenssätze auf ihre Nützlichkeit für ein selbstverwirklichtes Leben hin überprüfen und gegebenenfalls im Coaching verändern.

X. Qualifikation Coach

Coach ist keine geschützte Berufsbezeichnung, die eine spezielle fachliche Ausbildung voraussetzt oder beinhaltet. Jeder kann sich als Coach in der Beratungsbranche niederlassen, was die Frage nach der Qualifikation und den persönlichen Anforderungen entstehen läßt.

Welche Fähigkeiten, welches Wissen, welches Verhalten oder welche inneren Einstellungen unterstützen eine erfolgreiche Arbeit als Coach und sind unserer Meinung nach eine Grundlage für qualifiziertes Coaching?

Wir beschreiben als erstes die NLP-Grundlagen, die das Fundament für den Coaching-Prozeß darstellen. Es sind die NLP-Basis-Fertigkeiten, wie sie in anerkannten NLP-Practitioner-Ausbildungen und weiterführend in der NLP-Master-Practitioner-Ausbildung vermittelt werden.

1. NLP-Grundlagen für die Arbeit mit Menschen

➤ Vertrauen und eine tragfähige Beziehung

Der Coach sollte in der Lage sein, sich auf die Lebenswelt des anderen einzulassen, sich einzufühlen und neugierig zu sein auf die Lebenssicht des Gecoachten. Er sollte Vertrauen erwecken und eine respektvolle Beziehung zu anderen Menschen herstellen können.

➤ Das bewußte Herstellen von inneren Zuständen

Coaching erfordert oftmals Flexibilität, Geduld und Neugierde. Der Coach sollte seinen Körper und sein Denken dazu nutzen, positive innere Zustände in sich herzustellen, um zum Beispiel mit Konflikten umzugehen, Spannungen auszuhalten oder geduldig einen Prozeß zu begleiten.

➤ Das Einnehmen von unterschiedlichen Wahrnehmungspositionen

Es ist eine grundlegende Fähigkeit, sowohl 1. authentisch aus seiner eigenen Person heraus die eigenen Gefühle und die eigene Position wahrzunehmen, als auch 2. in die Person des anderen einzutauchen und ihren Standpunkt zu verstehen und 3. in der Lage zu sein, die Metaposition einzunehmen, d.h. von außen zu beobachten, wie der Prozeß funktioniert.

➤ Kommunikationsprozesse sicher und bewußt führen

Dazu gehören die Fähigkeiten des Pacens und Leadens, das aktive Zuhören, das genaue Wahrnehmen von Körpersignalen und die Fähigkeit, offenes und konkretes Feedback zu geben (und zu bekommen).

➤ Informationen sammeln

Der Coach kann Probleme, Ziele und Ressourcen herausarbeiten. Er nutzt Fragetechniken und seine Neugierde, um auf den Punkt zu kommen und die Generalisierungen, Tilgungen und Verzerrungen des Gecoachten aufzudecken. Er kann zwischen Inhalt und Prozeß unterscheiden. Ein guter Coach übersetzt Wahrgenommenes in gezielte Fragen.

➤ Systemisches Denken

Die NLP-Vorannahmen und die Werte der Humanistischen Psychologie sind bekannt und der Coach hat begonnen, sie in seine Arbeit und sein Leben zu integrieren. Der Coach ist vertraut mit den wesentlichen Aspekten systemischen Denkens und weiß, daß Veränderungen auf mehreren Ebenen stattfinden.

➤ Authentisches Handeln

Der Coach hat NLP bereits auf sein eigenes Leben angewandt, eigene Erfahrungen mit allen NLP-Techniken gemacht und in der Supervision aufgearbeitet und NLP für seinen Wachstumsprozeß genutzt.

Über diese Grundlagen hinaus benötigt der Coach für sein Arbeitsfeld besondere Fähigkeiten und Qualitäten, die erfolgreiches Coaching erleichtern und teilweise erst möglich machen.

2. Spezielle Anforderungen für die Arbeit als Coach

➤ Wissen über Organisationen

Coaching berät Menschen im Kontext des Berufes, d.h. in Organisationen. Es ist hilfreich, wenn ein Coach selbst Erfahrungen in Organisationen gemacht hat, eventuell sogar selbst Führungsaufgaben kennengelernt hat. Das Wissen um den Aufbau und das Funktionieren von Organisationen erleichtert es, sich in die Denkweise des Gecoachten einzufühlen.

➤ Prozeßhaftes Denken

Es ist von Vorteil, wenn der Coach systemisches Denken bereits in seine Arbeit und seine Persönlichkeit integriert hat und dies ganz konkret auf den Coaching-Prozeß anwenden kann. Interventionen aus dem NLP sind auf die Zielgruppe und den gegenübersitzenden Menschen zugeschnitten und beachten die Auswirkungen auf die Umwelt.

➤ Psychologisches Know-How

Der Coach begleitet sehr persönliche Entwicklungsprozesse. Es ist daher günstig, wenn er mit Veränderungsprozessen vertraut ist und um die Funktionsweise der wichtigsten psychologischen Verfahren weiß. Auch Kenntnisse über Entwicklungs- und Persönlichkeitspsychologie und andere Psychotherapieverfahren sind nützlich. Für die Abgrenzung zur Psychotherapie ist es wichtig zu wissen, wie die Grenzdiagnosen lauten und welche Krankheitsbilder in therapeutische Behandlung weiterdelegiert werden.

➤ Selbstwert

Er sollte wissen, was Coaching für ihn ist und eine Vorstellung davon haben, was für ihn ein erfolgreiches Coaching bedeutet. Die eigenen Stärken und Schwächen sollten bekannt sein und in Fortbildungen und Supervision aufgearbeitet oder verbessert werden. Dies setzt Interesse an der persönlichen Weiterentwicklung voraus.

➤ Einbettung in größere Zusammenhänge

Der Coach sollte den Sinn und Zweck seiner Tätigkeit für das Gesamtsystem geklärt haben und seine Arbeit in einen größeren Zusammenhang stellen, wie z.B. in den Kontext der Lernenden Organisation.

➤ Persönliches Coaching-Profil

Der Coach ist sich seines eigenen ethischen Rahmens bewußt und hat für sich ein klares eigenes Coaching-Profil entwickelt. Er weiß, wer er als Coach ist, er identifiziert sich mit seiner Arbeit. Unterstützend kann hier eine Ausbildung zum Coach sein, die auf die Identität als Coach abzielt.

Bei dem *internen* und *externen* Coach kommen noch einige Besonderheiten hinzu:

Der interne Coach sollte außer seiner Fachkompetenz die notwendige Beratungs-kompetenz mit Hilfe einer gezielten Weiterbildung erworben haben. Er braucht eine klare Aufgabenstellung im Unternehmen und die Möglichkeit, sich Schwie-rigkeiten aus eventuellen Doppelpositionen bewußt zu machen, um diese offen anzusprechen und in seine Arbeit zu integrieren.

Der externe Coach macht seine Rahmenbedingungen, wie z.B. Honorar, Zeit, Umfang usw., in einem Vertrag transparent und teilt seine Regelungen für Sonder-fälle, wie z.B. Absage eines Termins von Seiten des Coach oder Gecoachten, vorher deutlich mit.

Beide Formen des Coaching sollten sich die Freiheit erhalten, ein Coaching nicht durchzuführen und/oder weiterzudelegieren, falls inhaltliche oder persönliche Gründe gegen die Coaching-Maßnahme sprechen.

Besonderheiten beim Telefon-Coaching: Diese neue Form des Coaching wird sich sicherlich auch hier schnell durchsetzen, da es sich um ein äußerst zeitsparendes und effektives Konzept handelt. Telefon-Coaching erspart lange Anfahrtswege, teure Raumkosten und ist bei Bedarf abrufbar.

Der *T-Coach* © muß über ganz spezielle Qualitäten verfügen, wie z.B. gezielte und schnelle Informationssammlung, Verdichtungsfähigkeit, Rapport über Stimme und Tonfall, analytische Fähigkeiten, großes Einfühlungsvermögen, hohe auditive Sensibilität, Fähigkeit zur Grenzdiagnose, Interventionen per Telefon, außergewöhnliche Führungsqualitäten und spezielle Sprachkompetenz.

Auch diese speziellen Qualitäten sind Bestandteil unserer Coach-Ausbildung.

3. Der Coach als Initiator

Personen, die charismatisch sind, die andere begeistern können und Lust auf Weiterentwicklung ausstrahlen, haben es in der Regel leicht, als Coach gewählt zu werden. Menschen, die gerne weiterlernen, die die innere Freiheit haben, Fehler als Chancen zu nutzen, die offen sind für Feedback, schaffen einen Raum, in dem auch andere sich öffnen können.

Charisma ist kein Gen, was der eine hat und der andere nicht, sondern ist eine Fähigkeit, die man gezielt erwerben und üben kann.

Eine Mutter war sehr unglücklich, weil ihr Sohn übermäßig Datteln aß. Er war keinem vernünftigen Argument, keiner Bedrohung oder Belohnung zugänglich und inzwischen selber schon ganz unglücklich über dieses Problem. Eines Tages hörte die Mutter von einem Spezialisten, einem Problemlöser, drei Tagesreisen entfernt. Sie machten sich auf den Weg und richtig, als sie ihr Problem geschildert hatten, sagte der Meister: „Gut, wir werden sicher eine Lösung finden. Kommt in einer Woche wieder." Nach einer Woche sprach der Meister eine halbe Stunde mit dem Jungen und testete das Ergebnis und siehe da: Das Problem war verschwunden.

Daraufhin wollte die Mutter wissen, warum sie die beschwerliche Reise zweimal machen mußten, und der Meister antwortete: „Vorige Woche habe ich selber noch übermäßig Datteln gegessen. Ich mußte mir erst das übermäßige Dattelessen abgewöhnen, um die Gewißheit zu haben, daß es möglich ist und daß auch der Junge seinen Weg finden wird."

Es geht nicht darum, alle Probleme dieser Welt selbst zu erleben, sondern eine Gewißheit zu entwickeln, daß es immer eine Lösung gibt.

4. Unsere Coach-Ausbildung

In unserer Ausbildung liegt ein Schwerpunkt auf der Herausbildung eines persönlichen Coach-Profils, das der Einzigartigkeit und den Ressourcen des Coach gerecht wird.

Während der Ausbildungszeit kann jeder Teilnehmer seinen Interessenschwerpunkt entdecken und wählen, ob er sich mehr für Team-Coaching, Live-Coaching, normales Coaching oder Telefon-Coaching interessiert. Dieser Interessenschwerpunkt findet seine Anwendung in den persönlichen Coaching-Prozessen, die Bestandteil der Ausbildung sind und zwischen den einzelnen Trainings-Abschnitten selbstverantwortlich durchgeführt werden. In den drei Trainingsabschnitten stellen wir Coaching-Formate vor, die es dem Coach ermöglichen, gezielt, strukturiert und schnell Veränderungsprozesse zu begleiten. Neben Grundlagen und Hintergrund eines Coaching-Prozesses bieten wir unterstützende Methoden für den Coachingprozeß selbst. So werden für den *T-Coach* ©, dessen Aufgabe am Telefon stattfindet, andere Qualitäten benötigt, als beim Live-Coaching. Um die persönliche, fachliche und soziale Kompetenz eines erfolgreichen Coach zu erwerben oder zu vertiefen, wenden die Teilnehmer die Werkzeuge auf sich selbst an.

Im Sich-Einlassen auf persönliche Wachstumsprozesse sehen wir die Chance, als ganze Person mehr und mehr in die Rolle eines Initiators hineinzuwachsen. Durch fundierte Kenntnisse von psychischen, kommunikativen und systemischen Prozessen glauben wir, den Coach in seinem Vertrauen zu seinen eigenen Fähigkeiten zu stärken. Natürlich kann eine solche Ausbildung nur aufbauen auf vorhandenen Ressourcen, sie stellt jedoch auf jeden Fall eine Erweiterung der persönlichen Kompetenz dar. Da wir meinen, daß ein guter Coach nicht nur seine Werkzeuge gut beherrscht, sondern sich mit seiner ganzen Person einsetzt, bietet unsere Coach-Ausbildung nicht nur neue Kenntnisse, sondern stellt einen umfassenden Schritt in der Persönlichkeitsentwicklung dar.

Wir über uns

Wir, Evelyne Maaß und Karsten Ritschl, leiten seit Jahren gemeinsam das Weiterbildungsinstitut **Spectrum KommunikationsTraining** in Berlin.

Wir und unser Team schaffen eine Lernatmosphäre, in der es möglich ist, spielerisch und mit Lust Neues zu entdecken. In einem angenehmen Rahmen kann jeder neugierig sein, die eigenen Möglichkeiten, Talente und Brillanzen zu erfahren und zu erweitern.

Lernen kann und soll Spaß machen.

Wer daran interessiert ist, unsere Arbeit persönlich kennenzulernen, ist herzlich eingeladen, an einem unserer offenen Seminare teilzunehmen.

- Coach-Ausbildung
- NLP-Ausbildungen aller Stufen
- Seminar „Die Macht der Sprache"
- Seminar „Erfolgreiches Team-Coaching"
- Seminar „Selbst-Management"
- Seminar „Die Freiheit zu lieben"
- Seminar-Abend: NLP erleben

Wir informieren Sie gerne über unser aktuelles Programm:

Spectrum KommunikationsTraining
Stierstraße 9
12159 Berlin
Fon 030/852 43 41
Fax 030/852 21 08
e-mail info@nlp-spectrum.de
Internet: www.nlp-spectrum.de

Sollten Sie an firmeninternen Fortbildungsmaßnahmen zu den Themen:

- Coaching
- Kommunikation und Teamentwicklung
- Kreativität und Persönlichkeitsentwicklung

interessiert sein, nehmen Sie mit uns Kontakt auf.

Wir würden uns über eine Zusammenarbeit freuen.

Anhang

Im Übungs-Spectrum mit den Ziffern 1–5 versehene Bücher:

(1) *Luther, M., Maaß, E.:* NLP-Spiele-Spectrum: Basisarbeit. Übungen – Spiele – Phantasiereisen. Junferman, Paderborn 1994, [2]1996

(2) *Maaß E., Ritschl K.:* Phantasiereisen leicht gemacht. Die Macht der Phantasie. Junfermann, Paderborn 1996

(3) *Maaß E., Ritschl K.:* Teamgeist – Spiele und Übungen für die Teamentwicklung. Junfermann, Paderborn 1997

(4) *Mohl, A.:* Der Zauberlehrling. Das NLP-Lern- und Übungsbuch, Junfermann, Paderborn 1993, [6]1997

(5) *Mohl, A.:* Der Meisterschüler. Der Zauberlehrling II. Junfermann, Paderborn 1996

Glossar

Ankern ist die Verbindung eines wiederholbaren Reizes mit einer bestimmten Reaktion. Mit Ankern kann man gewünschte innere Zustände gezielt aufrufen. Es gibt „natürliche" Anker (z.B. wenn der Geruch von Lebkuchen sofort an Weihnachten erinnert) und „künstliche" Anker (z.B. wenn das Gefühl von Kompetenz an die Berührung der Türklinke des Beratungszimmers geankert wird).

Assoziiert ist man, wenn man eine Situation aus sich selbst heraus erlebt. Aus den eigenen Augen schauen, mit den eigenen Ohren hören und sich in seinem Körper spüren. Günstig, um angenehme Erlebnisse vollständig und intensiv zu erleben. Ungünstig bei stark negativen Erlebnissen (vgl. *Dissoziiert*).

Auditiv heißt den Gehörsinn betreffend. Benutzte Worte, die auf eine auditive Wahrnehmung hinweisen oder zu auditiven Erinnerungen anregen, sind z.B.: hören, abstimmen, ansprechen, eintönig, klangvoll, laut, Töne, Geräusche, ...

Bewußt sind all die Dinge, denen man zum gegenwärtigen Zeitpunkt seine Aufmerksamkeit schenkt. Man nimmt in einem Augenblick nur Ausschnitte seiner Umwelt, seines Denkens und seiner Handlungen bewußt wahr. Der überwiegende Teil unserer Kommunikation verläuft auf der unbewußten Ebene.

Bodenanker sind markierte Plätze, die willkürlich gewählt werden können, um eine Erfahrung zu rekonstruieren oder zu konstruieren.

Coaching ist eine Begleitung auf Zeit und Anregung zur persönlichen Bestleistung.

Codewort ist ein vorher vereinbarter Begriff, der einen inneren Zustand abruft. Eine vollständige Erfahrung (z.B. Urlaub mit Freunden auf Lanzarote, wo man sich entspannt und sicher gefühlt hat) wird auf einen Begriff reduziert (wie z.B. „Vulkaninsel").

Dissoziiert ist man, wenn man sich vorstellt, seine Person von einem außenliegenden Punkt zu sehen und zu hören. Man erlebt sich nicht in seiner Person, sondern „von außen" betrachtet. Hinderlich, um z.B. seine Gefühle voll wahrzunehmen. Hilfreich, um von negativen Erlebnissen Abstand zu gewinnen (vgl. *Assoziiert*).

Dyade ist eine intensive Beziehung zweier Personen in Kommunikation.

Evidenz ist das deutlich Wahrnehmbare, sensorisch genau beschrieben.

Feedback ist die gezielte Rückmeldung über das Erleben einer Person.

Flow-Zustand ist ein intensiver kreativer innerer Zustand, der oft als „Fließen", „Schwingen", „Licht", „in Verbindung sein" bezeichnet wird. Die Bezeichnung geht auf Mihaly Csikszentmihalyi zurück.

Future Pace ist die gedankliche Brücke in die Zukunft. Man stellt sich die gewünschten Veränderungen sinnlich genau in der Zukunft vor.

Generalisierung - Verallgemeinern einer gemachten Erfahrung.

Glaubenssätze sind allgemeine Aussagen, Urteile, Vorannahmen z.B. über den Arbeitsalltag, die Kollegen, das Unternehmen, die Menschen usw., an die man persönlich glaubt. Die Inhalte der Glaubenssätze beeinflussen unsere Wahrnehmung, unser Denken, unser Verhalten, unsere Fähigkeiten und unsere Empfindungen.

Grundannahmen des NLP sind Glaubenssätze über die Natur des Menschen. Sie werden auch „Vorannahmen" oder „Präsuppositionen" genannt und bilden die Grundlage jeglicher Arbeit mit NLP. Die Grundannahmen sind nicht die „Wahrheit", sie bieten jedoch einen praktischen, ethischen und ökologischen Rahmen für die Arbeit mit NLP. *Beispiel:* „Jedes Verhalten hat eine positive Absicht."

Gustatorisch heißt den Geschmack betreffend. Redewendungen, die auf eine gustatorische Wahrnehmung hinweisen und zu gustatorischen Erinnerungen anregen, sind z.B.: „Dein Lieblingsessen", „Leckerbissen", „geschmackvoll", „süß", „aromatisch" u.a.

Identität ist das Selbstbild oder Selbstkonzept eines Menschen. Es ist die Antwort auf die Frage: „Wer bin ich?"

Innerer Zustand sind die Gedanken in Verbindung mit den inneren Bildern und Tönen sowie die Gefühle. Es gibt innere Zustände, die positiv unterstützen und solche, die hinderlich sind, um ein bestimmtes Ziel zu erreichen. Man kann gewünschte innere Zustände mit Hilfe der Gedanken, der Körperhaltung/Körperbewegung und der Atmung herstellen und verändern.

Intervention ist ein Angebot oder eine Anregung, eine gezielte Veränderung strukturiert zu gestalten.

Kalibrieren meint im technischen Sinne, daß ein Meßinstrument „geeicht" wird. In der Kommunikation „eicht" man den „Wahrnehmungsapparat" auf den Gesprächspartner. Beim „Kalibrieren" stellt man fest, welche nonverbalen Signale zu welchen inneren Zuständen der Person gehören und kann ihn dadurch jederzeit wiedererkennen.

Kinästhetisch heißt das Fühlen betreffend. Worte, die eine kinästhetische Erinnerung oder Erfahrung abrufen, sind z.B.: fühlen, berührt sein, begreifen, behandeln, weich, warm, fest, glatt, sanft, Ausdruck u.a.

Kommunikation ist das gesamte Verhalten in einer zwischenmenschlichen Situation (Watzlawick). Nicht nur das, was man bewußt sagt, sondern auch jede Verhaltensweise (Gestik, Mimik, Körperhaltung u.a.), die man im Beisein einer Person tätigt, ist Kommunikation.

Kongruenz ist die Übereinstimmung von Denken, Fühlen und Handeln. Wenn man kongruent ist, findet ein harmonisches Zusammenspiel zwischen dem Gefühl, dem Denken und dem Körper statt. Der Mensch wirkt dann „authentisch" und „echt". Dagegen ist Inkongruenz, wenn jemand z.B. mit leiser Stimme „Ja" sagt, dabei jedoch mit dem Kopf „Nein" schüttelt.

Kybernetik beschreibt die Gesetzmäßigkeit von Systemen.

Lernende Organisation ist ein von Peter Senge geprägter Begriff, der sich auf Unternehmen und Institutionen bezieht, die sich kontinuierlichem Lernen verpflichtet fühlen. Er beschreibt fünf Disziplinen, die Grundlage und gleichzeitig Möglichkeit für die Entstehung Lernender Organisationen sind.

Lernkultur ist eine Einstellung und innere Haltung zu lebenslangem Lernen und deren Ausdrucksform in einer Gemeinschaft.

Lernstile beschreiben die unterschiedlichen Herangehensweisen an neue Informationen.

Metaphern sind Geschichten, Analogien oder Vergleiche, die in der Kommunikation zu einer Identifikation anregen können und einen Sachverhalt auf einer anderen Ebene beschreiben.

Metaprogramme sind Sortierkategorien, um Erfahrungen zu betrachten und zu strukturieren.

Mnemotechniken sind spezielle Lerntechniken zur Steigerung der Gedächtnisfähigkeit.

Mind Map ist eine gehirngerechte Strukturierung von komplexen Inhalten.

Modelle sind zum einen meist vereinfachte Darstellungen bzw. Abbildungen von bestimmten Sachverhalten. NLP ist in diesem Sinne ein Modell für die Struktur von subjektiven Erfahrungen. Zum anderen beschreibt das Wort „Modelle" Personen, die man als Beispiele für herausragende Leistungen ansieht und von denen man lernen möchte.

Modellieren ist das Lernen von erfolgreichen Modellen. Es ist das Herausfinden des „Wie genau tun sie es?". Wie verhalten sich erfolgreiche Menschen und was denken sie? Welche Strategien gebrauchen sie und wie kann man sie für sein Leben und seine Person nutzen?

Motivation ist die Anregung und der Erhalt der Lust am Lernen und Handeln.

Neurolinguistisches Programmieren (NLP) ist ein dem Leben abgeschautes Modell menschlicher Kommunikation und ein praktisches Modell dafür, wie Menschen erfolgreich lernen. NLP bietet einen „bunten Strauß" an Möglichkeiten, wie man sich persönlich weiterentwickeln kann.

Ökologie-Check ist die Überprüfung, inwieweit eine angestrebte Veränderung in das Gesamtsystem paßt und mit welchen Auswirkungen gerechnet werden muß.

Olfaktorisch ist den Geruch betreffend. Worte, die eine olfaktorische Erfahrung oder Erinnerung kreieren, sind z.B. „spezieller Duft", „Geruch", „Das stinkt mir" usw.

Pacing und Leading heißt wörtlich übersetzt: „einhergehend" und „führend" und beschreibt den Prozeß des „Abholens" und des „Führens" einer Person. „Pacing" meint das Herstellen von Kontakt, indem man sich auf die Wahrnehmung, das Denken und das Verhalten des anderen einstellt. „Leading" meint das Verändern z.B. der eigenen Stimme oder Körperhaltung. Damit kann man seinen Gesprächspartner dann führen. Grundlage für das Führen ist Vertrauen (Rapport).

Personal Mastery beschreibt das eigenverantwortliche Streben nach persönlicher Bestleistung. Sie ist eine der fünf Disziplinen von Peter Senge.

Positive Absicht ist der Vorteil oder der Gewinn einer Verhaltensweise. Es ist eine Grundannahme des NLP, daß hinter jeder Verhaltensweise, mag sie noch so problematisch erscheinen, eine positive Absicht für den Problembesitzer steckt.

Prozeß ist die lebendige oder dynamische Abfolge einer Veränderung.

Quelle ist ein intensiver Seinszustand von vollständigem Aufgehobensein, Geborgensein, in Fluß sein, in Liebe sein, ...

Repräsentationssystem – Wir können Informationen in Form von Bildern, Tönen, Gefühlen, Geruch oder Geschmack wahrnehmen, abspeichern und wieder abrufen. Repräsentationssystem bezeichnet den oder die Sinneskanäle, in denen wir Informationen abspeichern und wieder abrufen. Wir haben fünf Repräsentationssysteme zur Verfügung: visuell, auditiv, kinästhetisch, olfaktorisch, gustatorisch (sehen, hören, spüren, riechen, schmecken).

Ressourcen sind all die individuellen Fähigkeiten, Stärken und Talente, die ein Mensch in sich trägt. Ressourcen können Verhaltensweisen, innere Zustände (z.B. Ruhe, Sicherheit, Vertrauen), Strategien, bestimmte Gedanken, höchste Werte, Erfahrungen, die Verbindung zum inneren „Akku" sein.

Separator beschreibt die Unterbrechung gegenwärtiger innerer Zustände. Das Wort läßt sich von „to separate" ableiten, was soviel wie „auseinanderbringen, trennen" bedeutet. Durch die Unterbrechung eines Musters kann man sich die Ressourcen wieder zugänglich machen.

Sinn bezieht sich auf ein Gefühl von Sinnhaftigkeit im Leben und das Eingebundensein in einen größeren sinnhaften Zusammenhang.

Strategien sind Gedanken- oder Verhaltenssequenzen, die dazu dienen, ein bestimmtes Ziel zu erreichen. Es gibt Strategien zu allen möglichen Verhaltensweisen, wie z.B. Kreativität, Selbstbewußtsein, Eifersucht, Liebe kreieren, Kontakt beenden, Spitzensportler werden, erfolgreich verkaufen u.a. Besonders erfolgreiche Strategien werden im NLP zum Modellieren genutzt (z.B. Walt Disney-Strategie, Rechtschreib-Strategien).

Submodalitäten siehe *Untereigenschaften.*

Synergie ist das Zusammenwirken einzelner Organismen mit einem Resultat, das der einzelne nicht erreichen könnte.

Systeme sind Netzwerke von Wechselbeziehungen. Es werden Strukturen, Funktionen, Beziehungen, Regeln von Interaktionen und Veränderungen beschrieben.

Systemdenken ist die konsequente Betrachtungsweise einer Organisation als ein System. Nicht Ursache-Wirkungs-Denken, sondern vernetztes Denken.

Teamentwicklung ist eine Organisationsentwicklungsmaßnahme auf der Gruppenebene, bei der z.B. Probleme innerhalb der Gruppe gelöst, die Kommunikation verbessert oder gemeinsame Fähigkeiten entwickelt werden.

Teamlernen ist das gemeinsame Wachsen in einem Team mit dem Resultat eines Synergie-Effektes.

Teams sind mehr als eine Gruppe. Sie verfolgen gemeinsame Ziele und entwickeln aufgrund gemeinsamer Erfahrungen einen ausgeprägten Gemeinschaftsgeist.

Tilgung – Weglassen von Informationen einer gemachten Erfahrung.

Unbewußt sind all die Dinge, die in diesem Moment nicht aufgefaßt bzw. wahrgenommen werden können und dadurch nicht bewußt sind. Das Unbewußte unterstützt und beeinflußt unser Verhalten. Manche Menschen behaupten, daß „es" der Sitz unserer Intuition und unserer Kreativität ist.

Untereigenschaften sind die feinen Unterscheidungen unserer Gedanken. Man kann mit den Untereigenschaften genauer herausfinden, wie man denkt. *Visuelle Untereigenschaften:* Bewegung, Helligkeit, Farbe u.a. *Auditive Untereigenschaften:* Lautstärke, Tonhöhe, Entfernung u.a. *Kinästhetische Untereigenschaften:* Druck, Temperatur, Intensität u.a. Man kann eine Veränderung von Untereigenschaften nutzen, um eine Veränderung des Erlebens zu bewirken.

Unternehmenskultur ist ein einzigartiges gemeinsames System von Visionen, Werten, Normen, Spielregeln, das sich aus den Interaktionen innerhalb der Organisation ableitet. Es entstehen dabei Symbole, Mythen, Rituale, Handlungs- und Denkmuster u.a.

VAKOG ist die Abkürzung für eine vollständige Erfahrung mit allen Sinnen (visuell, auditiv, kinästhetisch, olfaktorisch, gustatorisch).

Verzerrung – Informationen eine andere Bedeutung geben.

Vision ist eine Vorstellung von höheren Zielen für sich selbst und in einem Unternehmen. Visionen sind Ausdruck der menschlichen Schöpfungskraft, geben einen Sinn für berufliches Engagement und wirken motivierend.

Visuell heißt das Sehen betreffend. Worte, die die visuelle Wahrnehmungsebene anregen, sind z.B. sehen, hell, farbig, klar, Durchblick, Ansicht, Einsehen, Ansehen, Ausblick u.a.

Werte sind grundlegende Überzeugungen und Einstellungen zum Leben, die das Denken und Handeln bestimmen. Es sind die Antworten auf die Fragen: „Was ist mir in meinem Leben besonders wichtig?" „Wofür lohnt es sich zu leben?" „Wovon möchte ich mehr und intensiver erleben?" „Was macht das Leben für mich lebenswert?" Mögliche Antworten sind z.B.: Lebensfreude, Liebe, Lebendigkeit, Harmonie, Offenheit, Spaß, Selbstverwirklichung, Vertrauen, Erfolg u.a.

Ziele sind gewünschte, konkrete und sinnlich wahrnehmbare Ergebnisse auf dem Wege zu ihrer Verwirklichung. Ziele geben die Richtung an.

Literatur, Filme und Musik

Literatur

Andreas, C. & T.: Der Weg zur inneren Quelle. Junfermann, Paderborn 1995, [2]1997

Argyle, M.: Körpersprache und Kommunikation. Junfermann, Paderborn 1989, [7]1995

Bach, R.: Die Möwe Jonathan. Ullstein, Berlin 1993

Bandler, R.: Veränderung des subjektiven Erlebens. Junfermann, Paderborn 1987, [5]1995

Bandler, R., Grinder, J.: Metasprache und Psychotherapie: Die Struktur der Magie I. Junfermann, Paderborn 1980, [8]1994

Bandler, R., Grinder, J.: Kommunikation und Veränderung: Die Struktur der Magie II. Junfermann, Paderborn 1982, [6]1994

Brinkmann, Ralf D.: Mitarbeiter-Coaching. Der Vorgesetzte als Coach seiner Mitarbeiter. Arbeitshefte Führungspsychologie Bd. 22. Sauer, Heidelberg 1994

Buchner, D.: NLP im Business. Gabler, Wiesbaden 1994

Buchner, D. (Hrsg.): Manager-Coaching. Junfermann, Paderborn 1993, [2]1996

Covey, St.: Sieben Wege zur Effektivität. Campus, Frankfurt [6]1995

Csikszentmihalyi, M.: Das Flow-Erlebnis. Jenseits von Angst und Langeweile. Klett-Cotta, Stuttgart 1985

Csikszentmihalyi, M.: Kreativität. Wie Sie das Unmögliche schaffen und Ihre Grenzen überwinden. Klett-Cotta, Stuttgart 1997

de Mello, A.: Eine Minute Unsinn – Weisheitsgeschichten. Herder, Freiburg [3]1994

de Mello, A.: Warum der Vogel singt. Herder, Freiburg [9]1996

Diehl, R.: Zeitintelligenz und Leadership. Junfermann, Paderborn 1992

Dilts, R.B.: Einstein. Geniale Denkstrukturen und NLP. Junfermann, Paderborn 1992, [2]1994

Dilts, R., Bandler, R., Grinder, J.: Strukturen subjektiver Erfahrung. Ihre Erforschung und Veränderung durch NLP. Junfermann, Paderborn 1985, [5]1994

Doppler, K., Lauterburg, Ch.: Change Management: Den Unternehmenswandel gestalten. Campus, Frankfurt 1995

Enkelmann, N.: Die Macht der Motivation. So motivieren Sie sich selbst und andere. mvg, München 1995

Feldenkrais, M.: Die Feldenkrais-Methode in Aktion. Junfermann, Paderborn 1990, [5]1995

Feldenkrais, M.: Der Weg zum reifen Selbst. Body and Mature Behaviour. Junfermann, Paderborn 1994

Fisher R. et al.: Das Harvard-Konzept. Campus, Frankfurt [13]1995

Gehm, T.: Kommunikation im Beruf. Beltz, Weinheim 1994

Gibran, K.: Der Wanderer. Goldmann, München 1997

Goleman, D.: Emotionale Intelligenz. Carl Hanser, München 1996

Hammarskjöld, D.: Zeichen am Weg. Knaur, München 1965

Hammarskjöld, D.: Suche dein Selbst. Herder, Freiburg 1992

Houston, J.: Der mögliche Mensch. Sphinx, Basel 1984

Hüholdt, J.: Wunderland des Lernens. Verlag für Didaktik, Bochum [10]1995

Hunt, D., Hait, P.: Das Tao der Zeit. Econ, Düsseldorf 1992

Kälin, K. (Hrsg.): Captain oder Coach? Ott-Verlag, Thun 1995

Kline, P., Saunders, B.: 10 Schritte zur Lernenden Organisation. Das Praxisbuch. Junfermann, Paderborn 1996

Kutschera G.: Tanz zwischen Bewußt-sein und Unbewußt-sein: NLP-Arbeits- und Übungsbuch. Junfermann, Paderborn 1994, [2]1995

Lasko, W.W.: Dream-Teams – 110 Stories für erfolgreiches Team-Coaching. Gabler, Wiesbaden 1996

LeBoeuf, M.: Imagination • Inspiration • Innovation: Kreative Kräfte nutzen. mvg, München 1991

Lübeck, W.: Handbuch für Lebensberater. Windpferd, Aitrang 1996

Luther, M., Maaß, E.: NLP-Spiele-Spectrum: Basisarbeit. Übungen – Spiele – Phantasiereisen. Junfermann, Paderborn 1994, [2]1996

Maaß, E., Ritschl K.: Phantasiereisen leicht gemacht. Die Macht der Phantasie. Junfermann, Paderborn 1996

Maaß, E., Ritschl, K.: Teamgeist – Spiele und Übungen für die Teamentwicklung. Junfermann, Paderborn 1997

Mann, R.: Das visionäre Unternehmen: Der Weg zur Vision in zwölf Stunden. Gabler, Wiesbaden 1990

Mann, R.: Die Neue Führung: Vom Kampf um Anerkennung zum authentischen Sein. Metropolitan, München 1996

Mohl, A.: Der Meisterschüler. Der Zauberlehrling II. Junfermann, Paderborn 1996

Mohl, A.: Der Zauberlehrling. Das NLP-Lern- und Übungsbuch. Junfermann, Paderborn 1993, [6]1997

O'Connor J., Seymour J.: Neurolinguistisches Programmieren: Gelungene Kommunikation und persönliche Entfaltung. VAK, Freiburg 1992

Ritschl, K.: Der Geist des NLP. Neurolinguistisches Programmieren zum Kennenlernen. Simon & Leutner, Berlin 1996

Robbins, A.: Grenzenlose Energie. Das Power-Prinzip. Heyne, München 1993

Robbins, A.: Das Robbins-Power-Prinzip: Wie Sie Ihre wahren inneren Kräfte sofort einsetzen. Heyne, München 1994

Roberts, J.: Die Natur der persönlichen Realität. Ein neues Bewußtsein als Quelle der Kreativität. Ariston, Genf 1985

Rückle, H.: Coaching. Econ, Düsseldorf 1992

Satya Singh: Das Kundalini-Yoga-Handbuch. Heyne, München 1995

Schelp, B.: Gleichnisse: von den Meistern erzählt. Param, Clausthal-Zellerfeld 1982

Schmidt, G.: Business Coaching. Gabler, Frankfurt 1995

Schreyögg, A.: Coaching. Eine Einführung in Praxis und Ausbildung. Campus, Frankfurt 1995

Schwarz, E.: Ein Spiegel ist des Weisen Herz – Sinnsprüche aus dem alten China. Kösel, München 1996

Scott-Morgan, P., Little, A.D.: Die heimlichen Spielregeln: Die Macht der ungeschriebenen Gesetze im Unternehmen. Campus, Frankfurt 1995

Senge, P.M.: Die fünfte Diszplin. Klett-Cotta, Stuttgart 1996

Senge, P.M.: Das Fieldbook zur 5. Disziplin. Klett-Cotta, Stuttgart 1996

Smothermon, R.: Drehbuch für Meisterschaft im Leben. Context, Bielefeld 1987

Steindl-Rast, D.: Musik der Stille. Mit gregorianischen Gesängen zu sich selbst finden. Knaur, München 1995

Wahren, H.-K.: Zwischenmenschliche Kommunikation und Interaktion in Unternehmen: Grundlagen, Probleme und Ansätze zur Lösung. de Gruyter, Berlin 1987

Watzlawick, P.: Anleitung zum Unglücklichsein. Piper, München 1983

Watzlawick, P.: Menschliche Kommunikation: Formen, Störungen, Paradoxien. Hans Huber, Bern [7]1985

Weiß, J.: Selbst-Coaching. Persönliche Power und Kompetenz gewinnen. Junfermann, Paderborn [5]1996

Whitemore, J.: Coaching für die Praxis. Campus, Frankfurt 1994

Zielke, W.: Handbuch der Lern-, Denk- und Arbeitstechniken. mvg, München 1991

Filme

Der Club der toten Dichter:
„Carpe diem", „Nutze den Tag" ist der wichtigste Lehrsatz des Englischlehrers John Keating. Mit Humor und Menschlichkeit kämpft er für Poesie, Liebe und Phantasie, die das Leben lebenswert machen. Er lehrt seine Schüler Persönlichkeit zu entwickeln und sich selbst treu zu bleiben.

Filofax:
Mit dem Verlust seines Filofax verliert der eine nicht nur seinen Terminkalender, sondern sein ganzes wohlgeordnetes Leben gerät durcheinander, die Ehe und Karriere scheinen zu zerbrechen. Der Finder des Filofax macht dagegen ganz nebenbei Karriere und genießt das Leben in Saus und Braus.

Der Sprung nach oben:
Assistenz-Coach Jimmy verschlägt es auf der Suche nach einem neuen Basketball-Star ins tiefste Afrika. Als er den Häuptlingssohn Salih entdeckt, will er ihn sofort für sein Team verpflichten – muß jedoch vorher erfolgreich einige Probleme meistern.

Wall Street:
Bud Fox, ein strebsamer junger Börsenmakler will das schnelle Geld machen. Nachdem er den skrupellosen, millionenschweren Spekulanten kennenlernt, scheint sein Traum in Erfüllung zu gehen. Er wird jedoch in einen Strudel krimineller Machenschaften gezogen – Zeit für die Entwicklung eines eigenen ethischen Rahmens.

Aus nächster Nähe:
Telly träumt davon, ein Fernsehstar zu werden und macht mit Hilfe von Nachrichten-Profi Waren Justice die ersten Schritte auf dem Weg zur großen Karriere. Eine leidenschaftliche Beziehung beginnt.

Sie haben nichts gemeinsam:
Ein Werbe-Profi versucht die Balance zwischen Beruf und privaten Beziehungen für sich herzustellen und muß sich dabei intensiv mit seinen Eltern auseinandersetzen.

Pappa Ante Portas:
Komödie mit Loriot, der mit seinem unnachahmlichen Humor den Einkaufsdirektor Heinrich Lohse spielt, der seine Erfahrungen aus dem Berufsbereich im Ruhestand nun seiner Familie zur Verfügung stellen möchte.

Ein Schweinchen namens Babe:
Ein kleines Schwein ist auf der Suche nach der eigenen Identität und persönlicher Bestleistung, gecoacht von einer Schäferhündin.

Musik

Deuter, G.: Land of enchantment

El Hadra: Sufi-Meditation des Herzens

Gomer, E.E.: Visionen – Entspannungsmusik für Führungskräfte

Karunesh: Colours of light

Karunesh: Sounds of the heart

Kater, P.: Migration

Kater, P.: How the west was lost

Kobialka, D.: Timeless motion

Lee, Jonathan: Stress Reducer

Merlin's Magic: Reiki II. The light touch

Serano, O.: Minho valley fantasies

Serano, O.: Vida para vida

Sebnat, J.: Meditation of the four directions

Steindl-Rast, D.: Gregorianische Gesänge

Übungsverzeichnis

Innere Balance finden

64 Seiten,
A4-Format, kart.
DM 19,80
ISBN 3-87387-389-3

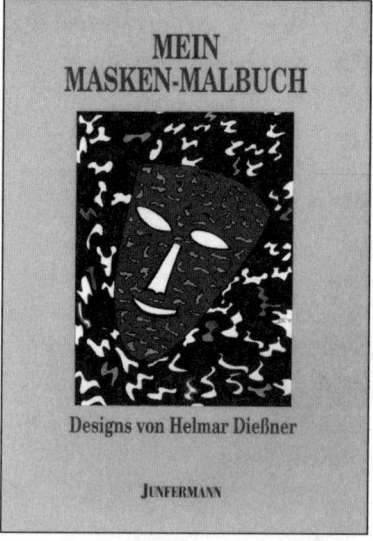

„Durch vielfältige Anregungen sich selbst im Spiegel der Masken erkennen und somit Klarheit über seelische Vorgänge erfahren. Dieses Malbuch bietet die Möglichkeit, durch aktive kreative Gestaltung zur Selbstfindung zu gelangen.

Sie finden Masken, die Sie motivieren sollen, sich mit Ihren situativen Kontexten auseinanderzusetzen. Die Masken spiegeln emotionale Stimmungen und Zustandsbeschreibungen wider und fordern zum selbstkritischen Kolorieren auf. Gestalten Sie Ihre Maske facettenreich in Form und Farben, so, daß Sie sich mit Ihrem Werk identifizieren. Ihre Maske spiegelt Ihr Seelenleben wider. Ob Sie angespannt oder entspannt sind, suchen Sie sich einen ruhigen Ort und finden Sie zu sich selbst. Suchen Sie sich eine Maske oder mehrere Masken, die Ihrem Stimmungszustand entsprechen. Gehen Sie dabei sensibel mit sich um. Kommen Sie zu Ruhe und Konzentration. Lernen Sie sich selbst besser kennen und verstehen." – *Helmar Dießner*

Helmar Dießner, geb. 1952 in Zittau. Studium der Sozialpädagogik in Düsseldorf-Kaiserswerth, Studium der Erziehungswissenschaften an der Universität Duisburg, seit 1982 in der Erziehungsberatung tätig. Leiter einer Heilpädagogischen Einrichtung, 1993 Promotion zum Dr. phil. an der Universität Duisburg. Gruppentherapeut, Fortbildner und Künstler.

JUNFERMANN VERLAG • **Postfach 1840**
33048 Paderborn • **Telefon 0 52 51/13 44 0**